CAMPAGNE DE

75ᵉ RÉGIMENT DE MOBILES

MOBILE DE LOIR-&-CHER

ET

UN BATAILLON DE MAINE-&-LOIRE

PAR

L'ABBÉ BLANCHARD

CURÉ DE SOUDAY

Aumônier du 2ᵉ Bataillon

AVEC LE CONCOURS

du

COMITÉ DE LA MOBILE

de

LOIR-&-CHER

GRANDE IMPRIMERIE DE BLOIS

DIRECTEUR-GÉRANT :

EMMANUEL RIVIÈRE, INGÉNIEUR DES ARTS ET MANUFACTURES

2, Rue Haute, 2

1896

75ᴱ RÉGIMENT DE MOBILES

> *Si je n'ai pas fait de grandes choses,*
> *j'en ai vu.*

75ᴱ RÉGIMENT DE MOBILES

MOBILE DE LOIR-&-CHER

ET

UN BATAILLON DE MAINE-&-LOIRE

PAR

L'Abbé BLANCHARD

CURÉ DE SOUDAY

Aumônier du 2ᵉ Bataillon

AVEC LE CONCOURS

du

COMITÉ DE LA MOBILE

de

LOIR-&-CHER

GRANDE IMPRIMERIE DE BLOIS

DIRECTEUR-GÉRANT :

EMMANUEL RIVIÈRE, INGÉNIEUR DES ARTS ET MANUFACTURES

2, Rue Haute, 2

1896

AUX MOBILES

—

Notre *Comité de la Mobile de Loir-et-Cher* et de nombreux camarades réclamaient chaque année, au banquet, une histoire du 75e, le prenant à sa formation et le conduisant, par la route sanglante et glorieuse qu'il a parcourue, jusque sur le mail de la ville de Blois, qui le vit disparaître.

En 1895, à l'occasion du vingt-cinquième anniversaire de la guerre, l'auteur de ce livre avait retracé, dans un journal local, les éphémérides hebdomadaires des *Casquettes Blanches*. C'est ce récit qu'on lui demande de tous côtés de reproduire en le complétant.

Une heureuse initiative du *Comité* a obtenu d'un bon nombre de camarades des notes, datant pour la plupart des années 1870 et 1871. Grâce à ce concours, l'œuvre est terminée.

Merci à ces collaborateurs et aux artistes qui l'ont illustrée.

Le 75e régiment de mobiles est le seul corps militaire qui, grâce à l'appel régional, ait jamais représenté exclusivement le département de Loir-et-Cher sur les champs de bataille.

Il l'a fait avec honneur.

Convoqué en août 1870, il fut licencié en mars 1871. Dans ces sept mois, la Mobile a vécu des années, et, au Mans, un mobile pouvait dire au commandant d'une troupe supportant le feu pour la première fois : « *Nous* sommes de vieux soldats ».

Puisse le 39ᵉ territorial, qui est l'héritier militaire du 75ᵉ mobiles, trouver dans les souvenirs de ce dernier, de justes motifs d'émulation et de profitables enseignements !

Quant à celui qui a écrit ce volume, dont il n'a fourni que le mince filet destiné à lier les récits des camarades, il se croit autorisé à dire avec un de nos généraux, en face du courageux et silencieux dévouement de beaucoup de ces soldats improvisés : « si je n'ai pas fait de grandes choses, j'en ai vu ».

9 novembre 1896.

LA
MOBILE DE LOIR-ET-CHER

I

FORMATION

—

APPEL

—

Casquettes Blanches.

A la date du 19 juillet 1870, la guerre était officiellement déclarée. L'armée allemande préparée, approvisionnée, nombreuse et soutenue par une formidable artillerie, jetait six cent mille combattants sur nos provinces de l'Est. La Prusse depuis longtemps organisait savamment sa revanche des défaites du premier Empire, et elle voulait effacer dans le sang la honte d'avoir vu son nom sur le point de disparaître de la liste des nations.

Notre vieille armée, sobre, intelligente, vaillante, unie, nationale qui, au commencement du siècle, avait fait trembler le monde, n'existait plus qu'à l'état de noyau. Elle ne put opposer aux masses ennemies que deux cent cinquante mille hommes, disséminés sur toute la frontière. Wissembourg, Forbach retentissent encore dans nos cœurs comme des glas funèbres : blessures sanglantes, que Reischoffen et Gravelotte, malgré leur caractère de sombre grandeur et de vaillance surhumaine, ne peuvent guérir.

Pour faire face à l'ennemi et augmenter nos troupes, le Corps législatif, qui doit siéger jusqu'à la chute de l'Empire, appelle à l'activité *la garde nationale mobile*, dont les membres, sous le nom de *Mobiles* ou de *Moblots*, supporteront, non sans gloire et sans souffrances, après la destruction de l'armée régulière, le choc terrible des masses allemandes.

*
* *

La loi militaire du 1er février 1868, votée sur la proposition du maréchal Niel, alors ministre de la guerre, disposait que la durée du service dans l'armée active serait de cinq ans, et de quatre ans dans la réserve. En outre elle enrôlait sous le nom de *garde nationale mobile*, en remontant à la classe de 1864, tous les jeunes gens dispensés du service dans l'armée active par leur numéro et le remplacement, ou exemptés comme fils de veuves et frères de soldats.

Ils devaient former un corps de cinq à six cent mille hommes, divisé en 318 bataillons et en 128 batteries d'artillerie de place.

Mais cette organisation n'existait que sur le papier et la Chambre, redoutant les réclamations de quelques députés, partisans de la levée en masse, ne vota jamais les fonds nécessaires à l'instruction des mobiles. Le maréchal Niel ne put les convoquer une seule fois et son successeur, le maréchal Lebœuf, laissa les choses dans le même état. La loi cependant n'astreignait les mobiles qu'à quinze exercices au plus par an, chacun d'une durée maximum de 24 heures, déplacement compris.

Jeune prêtre, nous habitions alors, depuis quelques mois, la petite ville de Mondoubleau.

Comme partout, on y croyait la paix éternelle et l'on était d'ailleurs convaincu, qu'en cas de guerre, l'armée suffirait largement à la défense de la Patrie et aux conquêtes qu'il lui plairait d'entreprendre. La Mobile ne devait figurer sur les contrôles que pour mémoire et l'on eût pris pour un ingénu le mauvais plaisant qui eût annoncé, au commencement de 1870, qu'un jour viendrait où l'on organiserait sérieusement le 75e mobile.

Cependant, cela devait arriver ; et, le 17 août 1870, par une belle journée d'été, la Mobile fut appelée partie à Blois, partie à Vendôme, partie à Romorantin. Elle formera plus tard deux bataillons de 8 compagnies, ayant chacune un effectif de presque 200 hommes. Trois compagnies de Solognots s'installent assez paisiblement dans la capitale de l'arrondissement, neuf à Blois et quatre à Vendôme. Dans ces deux villes, la jeunesse exaltée et fanfaronne reste bruyante et tapageuse jusque dans la cour de la caserne où les officiers parviennent difficilement à distribuer des billets de logement. L'habitant, un peu inquiet de recevoir des hôtes si turbulents, leur réserve cependant un accueil chaleureux, que tempère une pointe de tristesse à la pensée des malheurs de la Patrie.

Mais l'espoir ne meurt point aux cœurs des Français ; tous se reprennent à espérer à la vue du mouvement et de l'entrain de ces nouvelles troupes et des préparatifs gigantesques que fait le Gouvernement.

Bazaine ne va-t-il pas culbuter Frédéric-Charles qui prétend l'enfermer dans Metz ? et Mac-Mahon, avec les débris des troupes rassemblées à Châlons, ne peut manquer de mettre les Allemands entre deux feux ! Courage, jeunes mobiles, hâtez-vous si vous voulez prendre part à la fête et chasser l'ennemi hors de France.

Hélas ! c'est l'Allemand qui s'avance, répandant partout la ruine et la mort, la désolation et l'incendie ; bientôt, nous l'aurons en face de nous, chez nous, à quelques pas de la forêt de Marchenoir !

Composée de cinq classes (1865-1869), la Mobile avait quelque chose de plus viril qu'un corps de conscrits ordinaire. La gravité des circonstances, les malheurs de la Patrie écrasée sous le talon de l'envahisseur, l'espoir d'une glorieuse revanche mûrissaient les caractères, exaltaient les courages. Beaucoup des nôtres avaient de l'aisance, de l'instruction et s'étaient, par une modique somme d'argent, exemptés du service de l'armée active. Plusieurs étaient mariés, à la tête d'exploitations agricoles, de magasins, d'ateliers où, le mois précédent, ils espéraient passer toute leur vie, faisant des projets pour l'avenir, dans la paix, loin des préoccupations guerrières et des obligations militaires.

Il y avait là de bons éléments, sérieux, capables, en quelques jours, de prendre de la supériorité sur leurs compagnons : car, par leur situation, ils savaient commander et se faire obéir.

Le corps des officiers, aligné, en partie, sur le papier dès avant la guerre, était des plus respectables. La manière dont il organisa les deux bataillons de la Mobile de Loir-et-Cher, la promptitude de l'instruction, l'union des soldats et des officiers, le firent comprendre dès le commencement. Presque tous les capitaines et un bon nombre de lieutenants avaient porté l'épaulette d'officier ou au moins les galons de sergent.

Tous ces éléments étaient bien faits pour se comprendre, et, sans les excitations du dehors et les fanfaronnades inconscientes de quelques têtes légères, jamais il n'aurait été question, parmi les mobiles de Loir-et-Cher, de nommer les officiers à l'élection.

Je me trompe, l'ordre en vint d'en haut, après le 4 septembre ; mais pour l'honneur et la dignité des soldats et des chefs, il ne fut pas exécuté chez nous. Au respect qui entoure aujourd'hui les officiers survivants, on ne peut méconnaître combien furent heureux et judicieux les choix de l'autorité supérieure militaire chargée de désigner les chefs de notre Mobile.

*
* *

« Privés de cadres, ignorants du premier mot de la vie militaire, les hommes n'avaient d'autre valeur que celle résultant de leur bonne volonté et du désir de servir la Patrie, surexcités par ce sentiment intime qu'en eux reposait l'espoir suprême de la France.

« Pas de sous-officiers, pas d'armes, pas d'équipement, rien qu'un troupeau d'hommes. Et pour les commander, des officiers nommés quelques jours seulement avant le rassemblement.

« Mais à tous heureusement, officiers et soldats, l'exaltation du patriotisme avait porté haut les cœurs jusqu'à les mettre au niveau de toutes les responsabilités et de tous les sacrifices...

« Pourtant, il fallait se constituer militairement. Il fallait, tâche difficile, prendre dans le rang les sous-officiers et caporaux. On choisit ceux qui paraissaient s'assimiler le mieux leur nouveau métier et on les instruisit en dehors des heures d'exercices. » Ces choix furent heureux et confirmés par l'expérience à l'exercice, au bivouac et au feu.

Quels braves jeunes gens que tous ces sous-officiers et caporaux si vivement improvisés ! Travailleurs, attentifs, courageux, habiles, actifs et, par-dessus tout, aimables, gais et bons camarades ! Ce fut vraiment une élite !

« C'est qu'en ce bon pays de France, à l'heure des grandes crises, le sang des ancêtres à nouveau se révèle, et ces qualités guerrières dont naquit la Patrie, dont furent, à travers les âges, formés ces soldats incomparables qui servirent le génie de nos grands hommes de guerre et promenèrent par le monde nos étendards victorieux. Ah ! quand un pays possède éminemment ces trésors, il ne faut jamais désespérer de son rôle dans le monde (1) ! »

Les cadres étaient formés ; il fallait maintenant procéder à l'instruction des hommes.

Les armes et les uniformes faisaient défaut. C'est à peine si le Gouvernement put fournir une vingtaine de mauvais fusils à piston par compagnie. Ces vieux *flingots*, malgré leur âge, n'acquirent jamais le respect de nos jeunes troupes, désolées d'avoir à se servir d'*outils* démodés, abandonnés depuis longtemps et dignes, tout au plus, d'armer les pacifiques compagnies de sapeurs-pompiers. Puis l'uniforme manquait. Dois-je le dire ! l'exercice se faisait en blouse, en habit, en paletot, en *tenue de pékin*.

Il était prudent de dépayser et d'isoler quelque peu ces masses en voie d'organisation. Aussi, dès le commencement de septembre, un chassé-croisé transporta les mobiles de Vendôme à Blois, ceux de Blois à Romorantin et ceux de Romorantin à Vendôme. Plusieurs détachements occupèrent Cour-Cheverny, Menars, Mer, Onzain et quelques autres points.

Ces départs tumultueux et bruyants manquaient de prestige, malgré la conduite des musiques municipales qui nous faisaient volontiers cet honneur.

« Vingt fusils à piston, dit M. de Saint-Venant, portés en tête de chaque compagnie, voilà tout ce que nous avions du troupier. Pour habillement, des blouses, des vestons, des casquettes, des pantalons de toutes formes et de toutes couleurs, et, pour comble, le *baluchon*, c'est-à-dire un paquet de hardes porté sur l'épaule, nous faisant plutôt ressembler à des vagabonds qu'à des soldats. »

____

(1) Comte DE St-VENANT, au banquet de Montoire.

C'était le 1ᵉʳ septembre. En traversant Blois, les mobiles touchèrent des fusils à piston ou à baguette, des blouses blanches liserées de rouge et des pantalons de même couleur.

Ils couvrirent leurs têtes de ces fameux képis de toile blanche à bandes rouges qu'ils allaient illustrer sous le nom de *casquettes blanches* et dont la légende devait faire le tour de la France.

Plus tard, les blouses furent remplacées par des vareuses de faux drap empesé, qui fondaient à l'eau et à la neige, en attendant les capotes, qui arrivèrent peu à peu, jusqu'au milieu de l'hiver, comme les baïonnettes et les fusils Remington.

J'allais oublier les fameux souliers de pacotille, connus dans l'histoire sous le nom de souliers de carton.

Maintenant, la Mobile n'était plus une troupe quelconque, c'était déjà un corps plein d'entrain et de bonne volonté.

La foire de Blois battait son plein. Affublés de leurs nouveaux costumes, les moblots y firent un petit tour. Ils y rencontraient leurs amis et leurs parents, tant de Blois que des environs. Leur succès fut mince. Ils recueillaient plus de pitié que d'admiration ; les forains et les badauds les eussent volontiers ridiculisés, mais leur attitude militaire en imposait.

*
* *

Le mois de septembre s'écoula dans le cycle monotone des exercices ou écoles du *soldat*, de *peloton* et de *tirailleurs*. Ce furent ensuite, chaque fois qu'on put se procurer des cartouches, des tirs à la cible très utiles et non moins réussis.

Cependant, la France apprenait coup sur coup la défaite de Mac-Mahon, la capitulation de Sedan, la captivité de Napoléon III et, le 4 septembre, la proclamation de la

République. Puis, c'est l'investissement de Paris et l'approche de l'ennemi par Orléans et la Beauce.

Ces tristes nouvelles, ces coups terribles résonnaient douloureusement aux cœurs de nos mobiles. Ils brûlaient du noble désir de venger les malheurs de la Patrie et de se mesurer avec l'ennemi. Aussi redoublaient-ils de zèle et d'ardeur pour parfaire leur instruction militaire et se montrer dignes de prendre une place glorieuse dans les rangs des combattants.

Malgré tout, la vie de garnison, ordinairement si triste, ne manquait pas de charmes.

Les municipalités, sous forme de billets de logement, fournissaient le couvert chez l'habitant, et l'État donnait un franc par jour pour le boire et le manger.

L'accueil cordial et généreux des populations surpassait encore la générosité de l'État et la bienveillance des communes. C'étaient des fêtes de famille sans fin, car tous recevaient comme des parents et des amis *ces fils de France*, ces petits moblots si gais, si alertes, qui poursuivaient avec acharnement leur instruction militaire afin de « *bouter hors de France* » l'Allemand envahisseur et détesté.

Dans l'intervalle des exercices, on criait, on fumait, on chantait et, qui mieux est, on faisait des chansons, et dans la Mobile :

> La muse déréglée, en ses vers vagabonds,
> Ne s'élève jamais que par sauts et par bonds.

Celles d'Onzain étaient particulièrement entraînantes. Le poète, un Français né malin, y faisait rimer « étendards » avec « remparts », probablement parce que la ville n'avait pas de remparts et la Mobile pas d'étendards.

Quelquefois des généraux, des personnages importants ou en voie de le devenir, nous passaient en revue et.... nous comblaient d'éloges. Nommons parmi eux le général Michau, M. le préfet Lecanu, M. le député Tassin, accompagné de M. le marquis de Talhouët, député de la Sarthe,

Pour faire d'un homme un soldat, remarque judicieusement un de nos mobiles, il faut du temps ; d'un autre homme à l'esprit exercé, un bon officier, il en faut encore davantage ; mais ce temps varie beaucoup avec les circonstances et peut être fort abrégé surtout en état de guerre : « On vieillit vite sur les champs de bataille », disait le général Bonaparte au ministre qui le trouvait trop jeune. Il avait raison et nous le verrons bien : officiers et soldats se forment vite en combattant.

Il ne faut donc jamais désespérer. Peut-être faut-il être d'autant plus audacieux qu'on est plus faible, à condition de garder tout son sang-froid et de reculer, résolument et sur le champ, devant une impossibilité.

*
* *

Cependant, l'ennemi victorieux continuait sa marche dans notre beau pays, et nous commencions à voir les maux pénibles causés par l'invasion. Quelle plume serait assez puissante pour rendre l'impression que nous ressentîmes alors ! Vers la fin de septembre commence le lugubre défilé des émigrants qui abandonnent leur pays ravagé. Ils viennent de la Beauce, des environs de Paris, de l'Est même, cherchant un refuge et un abri pour leurs familles. L'aspect de ces tristes cortèges nous fit connaître ce que la fuite a de peines et d'amertumes. Que deviendront ces pauvres malheureux, n'ayant d'autres ressources que quelques provisions entassées pêle-mêle sur d'immenses chariots et poussant devant eux leurs bestiaux ? On les reçoit avec cordialité dans nos contrées hospitalières, jusqu'à ce que la pression toujours croissante de l'ennemi les force à chercher un refuge dans des contrées plus éloignées.

C'est partout un va et vient continuel, un entrecroisement de troupes qui avancent et de paysans qui reculent. Chaque jour, Mondoubleau voit ses rues encombrées de voitures. Ces émigrants viennent des environs de Meaux, colportant des nouvelles, le plus souvent contradictoires, marchant devant eux sans autre but que celui de fuir. Quelques uns, rassurés par la vue des haies et des broussailles du Perche, encouragés par l'aménité des habitants, se fixent à Mondoubleau et dans les environs. Le plus grand nombre a des apparences d'aisance; d'autres, moins fortunés, tendent la main et mendient leur pain, mais tous portent sur leurs fronts l'empreinte indélébile de la plus grande tristesse. Ils cheminent, mornes et silencieux, le désespoir au cœur, ressentant les douleurs de la Patrie vaincue et mutilée.

Partout nous retrouvons les mêmes symptômes. « Tous les jours, dit dans son *Journal* un officier du 1er bataillon alors en garnison à Romorantin, dans les rues passaient des charrettes de fourrages, des voitures transportant mobilier, femmes et enfants poussés par l'invasion et cherchant dans la Sologne un asile qu'on croyait assuré. Un pays coupé de bois et de marais, rude à explorer, plein de surprises et d'embuscades, semblait fait pour la guerre de partisans. On le croyait d'une défense facile ; comme si tous les avantages de la nature ne devaient pas tourner contre nous, par la volonté de la Providence qui nous châtiait (1) ».

Ces fuyards de Seine-et-Marne et des environs de Paris semaient l'effroi et la terreur, racontant aux populations avides de nouvelles les maux de la guerre, exagérant d'ailleurs les massacres, les pillages et les défaillances.

Puis c'était partout des histoires d'espions dont quelques-unes sans doute étaient vraies. Celle entr'autres des

(1) Nous emprunterons beaucoup à ce *Journal* qui est une relation complète et prise sur le vif des gloires et des souffrances du 75e mobile. Nous prions M. Miron de l'Espinay d'accepter les hommages de notre reconnaissance et de celle de tous les mobiles pour la communication qu'il a bien voulu nous en faire.

artistes étrangers qui offraient à la ville de Romorantin un feu d'artifice gratuit et des photographies de personnes et de monuments, et qui durent partir dans les vingt-quatre heures. N'étaient-ce pas les mêmes qui, un soir, se présentèrent à Blois, riches, cossus, occupant huit immenses voitures toutes neuves.

Heureusement les mobiles veillaient !!!

Après le boniment d'un dentiste, la vente, pour quelques sous, d'un onguent merveilleux et les pétarades d'un brillant feu d'artifice, les charlatans furent gratifiés, par nos jeunes soldats, de huées formidables et d'un charivari en règle.

La foule défendit ses amuseurs jusqu'à ce que le procureur de la République, un peu malgré lui, vînt, appuyé d'un piquet de mobiles, faire une perquisition. Alors tout le monde se mit du côté de la force publique ; toutefois la perquisition n'amena aucun résultat.

« Tel fut, dit Bulot (1), notre premier exploit. »

Cependant les bruits les plus extravagants que puisse inventer une imagination surexcitée, circulaient dans les masses, et le peuple crédule y ajoutait foi. Partout des espions ! partout des traîtres ! Les meilleurs citoyens étaient soupçonnés, les prêtres accusés de pactiser avec l'ennemi, un sentiment de défiance s'insinuait partout, et des Français ne rougissaient pas d'exploiter les plus basses jalousies de la populace. Les esprits étaient frappés de vertige, l'effervescence était à son comble. Dans chaque contrée, certains châteaux servaient de refuge à des armées entières qui passaient la nuit en voitures aux roues de caoutchouc !

Dans le voisinage de Mondoubleau, c'était le château de Cogners qui cachait dans ses caves Henri V, le pape Pie IX et un nombreux état-major !

Mais laissons de côté ces inepties. Un peuple s'abaisse

(1) F. Bulot, *Le 75ᵉ Mobile*, p. 20.

en se divisant devant l'ennemi. Aucun prêtre n'a boudé à son devoir pendant l'Année terrible, soit chez lui, soit à l'armée.

Les classes supérieures, celles particulièrement que l'illustration de la race signalaient aux envieux, ont donné le plus bel exemple de dévouement et de patriotisme, soit comme officiers, soit comme soldats ; et les mobiles de Loir-et-Cher partageront à Loigny la gloire des volontaires de l'Ouest.

*
* *

Telle fut la formation de la garde nationale mobile de Loir-et-Cher qui devait faire la guerre en rase campagne, marcher à l'ennemi en troupe régulière, camper, au milieu d'un hiver rigoureux, dans les plaines de la Beauce, assister à des batailles rangées, tenir front à l'ennemi dans une longue retraite et supporter toutes les fatigues d'une lutte exceptionnellement dure et sanglante.

Voilà comment se préparait la nouvelle campagne de France, semblable en beaucoup de points à celle de 1814. Mais les cadres aguerris manquaient et le grand général n'apparaissait point à l'horizon.

Puis Napoléon, en 1814, avait encore des débris mutilés de sa Grande Armée, des vieux soldats rompus à toutes les fatigues comme à toutes les gloires ; nous n'avions que des conscrits, pleins d'ardeur il est vrai, mais trop jeunes, et des officiers dévoués mais presque aussi jeunes que leurs soldats.

Nous allons raconter ce qu'un de ces régiments improvisés a fait pour la France. A peu près du même âge que ces mobiles dont plusieurs sont nos parents, nos amis, nos camarades d'enfance, nous les avons suivis avec enthousiasme et il nous semblait, comme à eux, que nous avions la responsabilité de la Patrie.

Ce furent de rudes labeurs, mais cette évocation des grandes douleurs et du devoir accompli en de solennelles circonstances est un souvenir utile, une méditation profonde, un honneur rendu à nos morts, un encouragement à la génération présente, un oubli de nos divisions.

MARCHENOIR

—

Hæc initia dolorum.
On commence à souffrir.

A Mobile de Loir-et-Cher fut dirigée sur la forêt de Marchenoir dans les derniers jours de septembre 1870. Elle devait, avec quelques régiments à peine formés, en occuper la lisière avancée et couvrir les masses réunies à Blois, pour constituer le 16ᵉ Corps.

Le premier bataillon s'étendait de Beaugency à Marchenoir ; le second de Marchenoir à Fréteval. C'était une heureuse ligne de défense. Des bois souvent profonds de plus d'une lieue reliaient ces deux localités. Les moblots y restèrent tout le mois d'octobre, et leur vie de cantonnement y fut assez dure. Cependant les populations voisines les ravitaillaient volontiers et la bourse des moblots restait encore assez bien garnie. Nos petits vins des bords de la Loire et du Loir y trouvèrent un débouché avantageux, qui augmenta dans des proportions considérables par l'arrivée successive des troupes devant constituer l'armée de la Loire.

De là, les mobiles, encore armés de leurs fusils à piston, tentèrent quelques expéditions contre les reconnaissances de l'ennemi déjà cantonné sous les murs de Paris.

Pendant sa formation, la Mobile logeait chez l'habitant. Il en fut de même dans son séjour autour de la forêt de Marchenoir. A cette époque, les compagnies détachées en pleine forêt devaient s'ingénier pour se protéger contre les intempéries de la saison. On construisit des logettes en bois, dites culs de loup. Pour installer un cul de loup, on fiche en terre deux piquets en avant, un en arrière. Des branchages et du gazon garnissent les côtés et le dessus. Ces fragiles édifices pouvaient contenir trois ou quatre hommes. Jour et nuit, on y plaçait les fusils, pour les préserver de la rouille.

Sauf de rares exceptions, à partir du 7 novembre jusqu'au milieu de janvier, la Mobile campa par tous les temps et dans tous les terrains. Ce fut, avec de si jeunes troupes, une des principales causes d'infériorité en face des Allemands, toujours cantonnés chez l'habitant et le rançonnant sans merci (1).

*
* *

Le 10 octobre, toute la Mobile est en émoi ; on entend distinctement le grondement du canon dans la direction d'Orléans. Une partie du 15e corps, commandé par le général de la Motte-Rouge se trouvait engagée près d'Artenay. Le combat ne fut pas heureux. Dans la nuit, on apprit la déroute de notre armée et la marche des Prussiens sur Orléans, qui fut occupé dès le lendemain.

Le bruit du canon, qui devenait de plus en plus distinct, faisait pressentir un désastre et produisait une impression poignante, triste, troublante et décourageante : il est si pénible d'assister à une lutte à laquelle on ne peut participer !

(1) Quoique ces mots soient quelquefois pris l'un pour l'autre, il ne faut pas confondre cantonner, camper et bivouaquer. Une armée est en cantonnement quand elle se loge dans les villages, maisons, granges ou écuries ; elle campe quand elle dresse des tentes ou construit des baraques pour s'y loger en ordre ou pour s'y retrancher. Le bivouac est la station que fait une armée en plein air ou sous des abris improvisés. Au point de vue tactique, le bivouac et le campement offrent les plus grands avantages, mais, au point de vue de la conservation des troupes, le plus mauvais cantonnement vaut mieux que le meilleur bivouac.

Pour la première fois, on éprouvait sur place l'amertume de la défaite. Dure et cruelle épreuve, que cette triste journée ! La joie disparut, la tristesse était peinte sur les fronts, mais le sang français bouillonnait dans les veines, et tous brûlaient d'en venir aux mains avec les hordes allemandes.

Après le désastre d'Artenay et la prise d'Orléans, l'ennemi s'avança jusqu'à Meung.

Beaugency se trouvait menacé. Il était occupé par trois compagnies du premier bataillon qui voulaient se défendre. Le maire, fort ému, convoqua à la hâte le conseil municipal pour savoir si la ville y consentait. Après une longue discussion dont nous attendions le résultat l'arme au pied, le magistrat municipal sortit de la mairie et pria le commandant du détachement d'emmener au plus vite ses trois compagnies.

Tourner précipitamment le dos à l'ennemi, que l'on voulait combattre et vaincre, nous faisait trouver amère la décision du conseil municipal. Il fallut obéir ; et la troisième compagnie elle-même, qui venait seulement de rejoindre les deux autres, après avoir parcouru militairement dans la journée la distance de Menars à Beaugency, dut se remettre en marche sans profiter du repos de la nuit dont elle avait grand besoin.

En se retirant du côté de la Beauce et de Marchenoir, les mobiles auraient pu se rencontrer avec un détachement ennemi. Craignant qu'il n'en résultât quelque désagrément pour la ville, si nous étions obligés de nous y replier, le maire exigea que la retraite se fît par la rive gauche de la Loire.

Une arche du pont avait été détruite et les mobiles durent traverser le fleuve au moyen de deux bateaux établis en va-et-vient.

C'était la nuit ; la vieille tour, l'eau profonde et calme, la grève grise, la brèche béante, les grands peupliers, les bosquets du val, les rayons argentés de la lune, tout faisait de cette retraite un spectacle saisissant et inoubliable.

On laissa les mobiles aller jusqu'à Saint-Dyé, puis ils revinrent, par Muides et Mer, à Marchenoir où ils retrouvèrent la 8⁰ compagnie, repliée d'Ouzouer-le-Marché sur la demande du conseil municipal.

Aller de Beaugency à Marchenoir par Saint-Dyé est une de ces marches et contremarches qui furent la source de terribles souffrances et la ruine de bien des santés même robustes. Elles épuisaient le corps et, malheur irréparable, démoralisaient l'âme elle-même : le premier par les fatigues énormes et inutiles qu'elles lui imposaient, la seconde par le découragement qu'elles mettaient dans les cœurs. Ce désarroi, résultat d'ordres bizarres et mal conçus, enlevait la confiance du soldat dans la capacité des chefs et la prévoyance de l'administration.

En traversant la Loire, nos jeunes soldats avaient gardé avec un soin jaloux un Prussien fait prisonnier par la 8⁰ compagnie dans une reconnaissance, et qui excitait au plus haut point leur curiosité.

Par la route de Beaugency à Muides passaient, soit à pied, soit en charrette, exténués de fatigues et de privations, pâles, abattus, de pauvres soldats de la légion étrangère échappés au massacre de leurs camarades dans le faubourg des Aydes, à Orléans. Démoralisés, ils ne répondaient à nos questions que par des gestes de terreur et des récits épouvantables. « N'y allez pas, mes amis, n'y allez pas », répétaient-ils, avec un accent hébété et découragé.

Mer était occupé par un détachement considérable de troupes ; nos trois compagnies, ayant reçu l'ordre définitif de se replier sur Marchenoir, ne s'y reposèrent qu'une nuit qui fut troublée par des alertes continuelles. De plus, la garde nationale de Blois, rassemblée au son du tocsin, arrivait à Mer cette même nuit. Elle fit beaucoup de bruit, constata l'absence de l'ennemi et se retira dans un beau désordre.

Ces déplacements des gardes nationales étaient à l'ordre du jour. Nous avons assisté nous-même à Mondoubleau à un semblable départ (1).

*
* *

Dispersé comme nous l'avons dit, de Beaugency à Marchenoir, le 1er bataillon occupait les villages et les fermes en avant de la forêt, ne sachant trop s'il était sous les ordres du général Michau ou du général Tripart. Le second bataillon avait son centre à Morée.

En tout cas, les cantonnements changeaient souvent, soit tactique pour tromper l'ennemi, soit incohérence dans le commandement.

Entre les deux bataillons se trouvaient les mobiles de la Sarthe, mieux armés et mieux équipés que nous ; on nous laissait toujours nos vieux fusils à piston, tandis qu'ils portaient des chassepots. Ils arrivèrent à la mi-octobre et furent incorporés dans la 2ᵉ brigade de la 1ʳᵉ division du 16ᵉ corps. Nous faisions partie de la 1ʳᵉ brigade.

Officiers et soldats se lièrent vite entre eux. Depuis ce jour, nos destinées furent associées et il y eut, entre les mobiles, une continuelle émulation de bravoure. Leur colonel était le vicomte de la Touanne. Le duc de Luynes, propriétaire de la forêt de Marchenoir, commandait une compagnie du 33ᵉ mobile de la Sarthe. Un boulet lui emporta la tête, à Loigny, au moment où, dans la plus épouvantable décharge de mitraille, il encourageait gaîment ses mobiles à aller de l'avant.

Ce fut d'ailleurs un temps heureux, plein de surprises et d'activité. Ne pouvant encore participer à la grande guerre, les mobiles se rattrapèrent en organisant avec

____

(1) Nous empruntons ces récits et bon nombre de ceux qui suivent au *Journal d'un Officier du 1er Bataillon*.

entrain quelques escarmouches contre les uhlans assez curieux et assez hardis pour s'approcher de la forêt de Marchenoir.

Ces rencontres, qui enflammaient d'ardeur nos jeunes troupes, portent les noms de la Gahandière, Ourcelles, Lorges, Autainville et surtout Binas.

Le général Thiébault dit, dans ses Mémoires, que la guerre d'escarmouches et de postes « n'a d'autre résultat que de faire payer par le sang de beaucoup d'hommes, l'avantage d'en aguerrir quelques autres ». Sans contester l'autorité d'un écrivain militaire de pareille valeur, ce jugement est trop sévère pour les reconnaissances de nos mobiles, comme on peut le voir par les épisodes suivants.

La 5e compagnie du 1er bataillon, placée en vedette dans le hameau de la Gahandière aperçoit un jour dans son voisinage un détachement ennemi envoyé en reconnaissance. Appelée au secours, la 3e quitte Saint-Léonard au pas de course avec le grand espoir d'essayer ses armes. Elle traverse la forêt et aperçoit une longue file de cavaliers noirs, trottant sur la route, à 1800 mètres.

Aussitôt les hommes se débandent et courent à travers champs pour approcher l'ennemi. Si l'escadron bavarois avait un peu chargé, il en aurait sabré plus d'un. Tout au contraire, il accéléra sa marche, et nos fusils ne servirent à rien.

Cependant un des nôtres, qui s'était aventuré dans un moulin sur le passage de l'ennemi, vise la troupe et atteint un cheval qui tombe blessé. Le cavalier désarçonné aborde un paysan qui labourait près de là avec deux bons chevaux, prend le meilleur et rejoint ses camarades qui avaient fait halte en l'attendant.

Les mobiles pressent le pas, mais en vain ; quand ils arrivèrent près du cheval tué, les Bavarois étaient déjà loin. Au retour, on put manger quelques biftecks de cheval prussien. C'était la première fois. Ils furent trouvés excellents.

Cette reconnaissance ennemie, que le 1er bataillon poursuivait en avant de la Gahandière, s'était, dès le matin avancée jusqu'à Écoman, où, mal reçue par la 2e compagnie du 2e bataillon qui gardait ce village, elle avait, en traversant la commune de Moisy, rétrogradé jusqu'à la Gahandière. Elle put reporter à ses chefs que la Mobile veillait.

De fait, la mystérieuse forêt semblait hérissée de fusils et de baïonnettes et pleine de soldats.

La pointe d'Ourcelles fut hardie. Le 4e compagnie du 1er bataillon y avait été installée, plusieurs lieues en avant de la forêt de Marchenoir, pour protéger les habitants contre un retour possible des Bavarois, chassés avec perte une première fois.

Ils revinrent en effet avec du canon, mais inutilement.

Bien retranchés dans le village, les mobiles répondirent à la mitraille par une vive fusillade et l'ennemi se retira sans pouvoir les entamer.

Deux mobiles de la compagnie de Vendôme, Héron et Richard, se déguisèrent un jour, avec autorisation, pour aller chercher des nouvelles jusque dans le territoire occupé par les Bavarois. Après avoir recueilli plusieurs renseignements utiles, ils revinrent entraînant après eux deux hussards prussiens qui tombèrent dans une embuscade de gardes nationaux.

L'un de ces hussards fut tué. Son colback et son cheval furent amenés en triomphe à la compagnie, alors cantonnée à Viévy-le-Rayé. Les deux moblots, mis à l'ordre du jour, reçurent les félicitations du général. (1)

*
* *

(1) Baron de Maricourt, *Casquettes Blanches et Croix-Rouge*, p. 43.

Binas vit les embuscades et reconnaissances des deux bataillons. Les cavaliers ennemis y venaient journellement marauder. Les habitants en prévinrent le commandant du 2ᵉ bataillon, M. le comte de Montlaur, qui fit occuper le village, de nuit, par les mobiles. Qu'ils étaient braves, délurés, invincibles, souples dans cette première avancée vers l'ennemi ! Mais prudemment celui-ci ne vint pas !

Le lendemain, des uhlans furent signalés du côté d'Ouzouer-le-Marché et la Mobile reprit sa marche. Quatre cavaliers prussiens se montrèrent au détour d'un village. Un feu de salve s'ouvre spontanément contre eux, sans autre résultat que d'attirer à l'horizon de nombreux Allemands galopant au loin à l'abri de nos fusils à piston. La nuit arrivait. Il fallut battre en retraite, le gros du bataillon flanqué de deux lignes de tirailleurs, et se replier sur la forêt de Marchenoir.

C'était le 18 octobre. Une lueur grandissait au loin, dans la direction de Châteaudun. L'héroïque petite cité flambait, incendiée par l'ennemi qui se vengeait d'avoir perdu des forces considérables devant une ville sans remparts.

Ce jour-là même, étaient arrivés dès le matin, en avant de Morée, plusieurs mobiles des environs de Blois. Convoqués le 17 août, mais renvoyés le soir comme soutiens de famille, ils venaient d'être rappelés et incorporés dans la 1ʳᵉ compagnie du 2ᵉ bataillon. Parmi eux, J. Briais et J. Daridan, qui moururent bravement pour la Patrie (1).

Un autre, rappelé indûment, fit toute la campagne et ne s'aperçut de l'erreur qu'en 1876.

Ce départ était particulièrement amer pour ces jeunes hommes, mariés pour la plupart et quittant une seconde fois « leur clocher, leur femme et leur famille ».

Ils furent justement cantonnés à Saint-Claude, près de Cloyes, sur la limite du département, à quelques lieues

(1) Daridan-Tanvier.

de Châteaudun que les Prussiens devaient dans la soirée assiéger et bombarder.

Le gros de la compagnie exécutait la reconnaissance de Binas, que nous venons de raconter ; un poste de dix hommes, laissé à Saint-Claude, devait préparer la soupe pour le retour des camarades.

L'heure indiquée par le capitaine Camus se passa, et bien d'autres à la suite. Les correspondances avec le poste furent coupées et la compagnie ne donnait point de ses nouvelles. Le fracas d'enfer qui retentissait et se prolongeait en échos sourds et mélancoliques dans la sombre vallée du Loir, créait dans l'esprit de ces jeunes conscrits de graves inquiétudes et de sinistres pressentiments.

Un caporal commandait. Un mobile, incorporé le matin, servait de sentinelle. L'incendie de Châteaudun éclairait ce premier jour de garde de lueurs menaçantes et lugubres.

Après un conseil de guerre présidé par le caporal, la petite escouade se replia en bon ordre, vers une heure du matin, sur Morée, où elle retrouva la compagnie qui arrivait bien fatiguée sous la conduite du capitaine. Celui-ci avait reçu l'ordre de ne pas rejoindre son cantonnement trop rapproché de l'ennemi. Malheureusement le bouillon, qui avait mijoté toute la soirée et une partie de la nuit, avait été renversé au départ de Saint-Claude.

A l'aube une reconnaissance prussienne vint patrouiller dans ces parages. Si le poste fût resté, il eût été enlevé.

« Morée, ajoute le narrateur, fut notre paradis. Cependant nous montions la garde tous les deux jours, sans compter les manœuvres journalières des tirailleurs et les reconnaissances dans la plaine et les villages voisins.

Un jour, cette même compagnie est envoyée à Saint-Hilaire-la-Gravelle. Elle y couche et, au réveil, sept ou huit moblots se proposent de faire *sauter* un lapin, que venait de leur vendre une brave femme du pays. Au moment de le servir, une reconnaissance prussienne est signalée. Il faut *sauter* sur les fusils, malgré les justes réclamations des estomacs « vexés et chatouillés par la faim (1). »

Les Prussiens prirent la fuite, mais la compagnie ne revint pas à Saint-Hilaire. On retrouva sain et sauf le factionnaire qui avait signalé les Prussiens et s'était ensuite, prudemment, lui et son fusil, mis à l'abri sous un aqueduc.

*
* *

Le lendemain, la 1re compagnie du 1er bataillon revient à Binas et le lieutenant de l'Ombre se met en observation dans la tour de l'église.

Sa longue vue à la main, l'officier suit à gauche les progrès du feu dans la ville de Châteaudun, qui, depuis la veille, ne forme qu'un immense brasier. Il surveille en même temps la route d'Ouzouer-le-Marché, du côté où l'on attendait l'ennemi.

Il dit tout à coup aux mobiles qui l'entourent : « Mes enfants, voici les Prussiens qui sortent d'Ouzouer et se dirigent sur Binas. Ils sont trente cavaliers ; vite, aux faisceaux. »

Une escouade occupe chacune des rues, aux entrées du village, avec ordre de s'enfermer dans les maisons jusqu'au moment où l'ennemi serait parvenu sur la place.

Mais l'Allemand devenait prudent. A un kilomètre de Binas, le détachement fait halte et envoie cinq hommes seulement en avant-garde.

C'étaient des hussards, montés sur de grands chevaux noirs, le sabre nu à la main ; d'un œil inquiet et mobile, ils sondent les profondeurs silencieuses des maisons. En passant devant un boulanger, ils aperçoivent derrière la fenêtre, plusieurs mobiles, dont Perrin et Hahusseau, l'auteur de ce récit.

(1) Daridan-Tanvier.

Ils jettent le cri d'alarme : « Hourra, Francis ! Francis ! »

Perrin tire aussitôt. L'ennemi se retourne pour faire retraite. Mais la route est barrée par un groupe de mobiles qui s'élancent de leur embuscade.

Trois ou quatre des nôtres, sortis en coup de vent de la boulangerie, se trouvent tout à coup en face d'un Prussien aussi surpris qu'eux-mêmes. Ils font feu ensemble, de trop près et trop émus pour viser. Le cheval épouvanté, se cabre ; le cavalier presque désarçonné penche sur le côté et les mobiles s'élancent pour le tirer par le bras en criant : « Il y est, il y est. »

Mais pas du tout. Il reprend son aplomb, lance son cheval et file avec ses compagnons, malgré les coups de fusil. En quelques instants, penchés et comme attachés sur leurs chevaux, ils ont rejoint les camarades.

Ceux-ci les entourent et les soutiennent, car ils sont blessés, puis requièrent une voiture de ferme pour les transporter plus loin.

Une autre reconnaissance sur Binas coûta la vie à un officier et à un sous-officier prussiens. Ce dernier était un sergent de hussards silésiens. Le sous-lieutenant de la 7e compagnie du 1er bataillon avait tué son cheval. Désarçonné, ce brave refusa de se rendre et fut frappé d'un coup de baïonnette. Il fit comprendre qu'il était catholique et désirait un prêtre. M. le curé de Binas vint l'entretenir. On le plaça ensuite sur une charrette et on le dirigea sur Marchenoir. En route, il mourut sans articuler une plainte. Dans ses papiers, se trouvait une lettre, reçue le matin, de sa fiancée d'Allemagne. Il avait écrit sur son carnet, à cette même date qui devait être celle de sa mort : « Grande joie (1) ! »

Ayons un souvenir reconnaissant pour ce vieillard sympathique, à la démarche aisée, au regard vif et bienveillant, qui était alors curé de Binas. Ses renseignements

(1) *Journal d'un Officier du 1er Bataillon.*

obtenus et donnés souvent au péril de sa vie, furent toujours d'une grande utilité... Et son vin était si bon à la fin d'une longue marche !

Pour se venger de nos attaques successives, les Prussiens reviennent, le 25 octobre, à Binas, où se trouve un détachement de 37 francs-tireurs de Saint-Denis, sous les ordres du capitaine Liénard.

Dès le matin, 200 hussards se présentent, croyant le village sans défense. Les francs-tireurs les reçoivent par un feu nourri, qui leur fait éprouver beaucoup de mal et les met en déroute. Alors arrivent une compagnie de fantassins et deux pièces de canon aussitôt braquées sur les maisons.

Bien embusqués, tirant à coup sûr, à petite distance, les braves assiégés épuisèrent toutes leurs cartouches et firent subir à l'ennemi des pertes sensibles.

La retraite s'imposait ; elle s'effectue du côté d'Autainville, à l'endroit où se trouve aujourd'hui un modeste monument. Les Allemands entourent les derniers de ces héros qui, armés de carabines sans baïonnettes, s'en servent comme de massues et assomment tous ceux qui s'aventurent trop près.

Ils durent succomber sous le nombre et les blessés furent massacrés et hachés à coups de sabre. Des Prussiens descendirent de cheval pour piquer de la pointe du sabre les corps qui paraissaient remuer. Quand plus rien ne sursauta dans ce tas de chairs pantelantes, l'ennemi compléta sa besogne sauvage par un pillage, des incendies et le massacre de plusieurs habitants.

Le lendemain seulement, le curé déguisé en blouse et dont la tête avait été mise à prix, s'en fut explorer le champ de bataille. Il trouva sous les morts quelques blessés demeurés jusque-là sans secours.

Pendant 24 heures, ils étaient restés immobiles et avaient retenu leurs plaintes de peur d'être achevés par leurs implacables bourreaux.

On les transporta jusqu'à Marchenoir, « en quel état, mon Dieu ! Tous avaient deux ou trois coups de sabre sur la tête, sans compter les balles et les coups de pointe. Presque tous moururent à l'ambulance (1) ».

Quant aux Allemands, ils comptaient 137 tués, dont un colonel, et un grand nombre de blessés.

Quelques jours plus tard, l'état-major allemand insérait les lignes suivantes dans son journal officiel : « A toutes les distances et de toutes les maisons, dans les campagnes, nos cavaliers sont assaillis de coups de feu ; à leur approche, le laboureur isolé jette sa bêche, empoigne un fusil placé à terre, à côté de lui, et fait feu. Chaque maison devient une petite forteresse, chaque homme en blouse, un franc-tireur.

« Ce n'est que par une sévérité draconienne qu'il est possible de mettre fin à cette manière *traîtresse et infâme* de faire la guerre et de donner satisfaction à nos troupes. »

Qualifier de traître et d'infâme l'homme qui défend sa chaumière et le sol de ses ancêtres, convient peu aux descendants des Prussiens de 1813 qui, levés en masse, avaient ordre de ne pas revêtir d'uniforme et de *courir sus* aux Français partout où ils les rencontreraient.

*
* *

Ces embuscades, marches et contremarches, quoique bien fatigantes, étaient les beaux jours de la Mobile.

La vie se faisait difficile. Les troupes du 16e corps arrivaient par derrière et les vivres et les accessoires manquaient quelquefois ; les moblots étaient encore trop jeunes pour être rompus aux habiletés, j'allais dire aux ficelles des vieux troupiers.

Puis la maladie visitait nos cantonnements ; la petite

(1) *Journal d'un Officier du 1er Bataillon.*

vérole choisissait ses victimes et l'hôpital de Morée en était encombré.

Déjà M. l'abbé Morancé, aumônier des mobiles de la Sarthe, avait secouru et consolé quelques-uns des nôtres. Mais pourquoi les mobiles de Loir-et-Cher n'auraient-ils pas, eux aussi, un aumônier, un curé de leur pays, pour les aimer, leur prodiguer des consolations, recueillir leur dernier soupir et transmettre aux familles leurs suprêmes recommandations ?

L'autorité épiscopale y songeait : Plusieurs prêtres avaient brigué cet honneur. Nous eûmes la chance d'être agréé. Le lundi 24 octobre, nous reçûmes de Monseigneur l'Evêque de Blois l'autorisation de suivre, comme aumônier volontaire, le 2e bataillon des mobiles de Loir-et-Cher, cantonné à Morée. M. le comte de Montlaur, que nous avions appris à aimer et à estimer comme maire de Suèvres, au sein de notre famille, le commandait.

Le soir de ce jour, une magnifique aurore boréale empourprait l'horizon. Elle donna lieu, comme toujours, à de nombreux commentaires.

Voici, à titre de document, la description d'une aurore boréale bien semblable à celle-ci, décrite en 1726 dans les registres paroissiaux de Souday. C'était aussi en octobre, le 19. Nous résumons :

« ..... De sept heures à minuit, commencèrent à paraître des flammes de feu, qui partaient de l'orient en nuées épaisses et bleuâtres. Elles finirent par occuper le ciel du nord au midi. Ces feux étaient comme des tourbillons et passaient les uns sur les autres. L'on eût cru, à les voir, que le ciel et la terre allaient se consumer. Parmi ces nuées extraordinaires, il s'en levait de rouges comme le sang qui semblaient des flammes de feu.

..... Il n'y avait ni tonnerre, ni éclairs, et quoique la lune ne fût levée, il faisait clair comme en pleine lune. Les flammes de feu partaient de nuées assez basses et s'élevaient en haut, en se dissipant en mille étincelles. L'œil pouvait à peine les regarder.

..... Tous les hommes étaient dans l'étonnnement et la consternation.

..... Dieu, par sa sainte grâce, nous préserve des flots (fléaux) dont nous sommes advertis pour le dernier jugement ».

Cette pieuse et naïve réflexion, qui profite de phénomènes atmosphériques aujourd'hui bien expliqués, pour nous rappeler le souvenir de la justice divine, nous paraît à première vue au-dessous des impressions contemporaines.

Pourtant, nous en appelons à tous les mobiles cantonnés en avant de la forêt de Marchenoir, à tous ceux qui, en notre présence, sur la place de Mondoubleau, ont tiré des horoscopes, en regardant l'aurore boréale du 24 octobre. Oui, la grande lueur rouge parut à tous non pas seulement un phénomène étrange, une aurore boréale remarquable, mais un signe.

Un capitaine, tué depuis, dit tout haut : « Ce n'est pas une aurore boréale, c'est le sang humain qui remonte au Ciel ».

A Mondoubleau, les gens du peuple disaient tristement : « C'est signe de sang ; y a du pauvre monde qui va mourir ».

Dans la forêt de Marchenoir, le capitaine Robert de Beaucorps fit sonner l'alerte. En un instant la compagnie fut sur pied et en ligne. Elle admira le phénomène et reprit ensuite son repos en disant : « C'est signe de grande guerre ».

Le lendemain matin nous partîmes joyeux, chercher à Blois les ordres et la bénédiction de Mgr Pallu du Parc qui nous donna les recommandations de son cœur paternel et nous fit le curé ambulant de ses chers mobiles.

Nous revenons par Vendôme, où M. l'abbé Monsabré, curé de la Madeleine, nous apprend que, par la formation des mobiles en régiment, M. le comte de Montlaur est nommé lieutenant-colonel du 75e mobile, et M. Sampayo, un Vendômois, commandant du 2e bataillon.

Le nouveau commandant nous offre gracieusement une place dans sa voiture et nous arrivons le vendredi 28 octobre à Morée, où le colonel et les officiers nous réservaient le plus cordial accueil.

M. l'abbé Menard, curé de Morée, vieillard que nous devions aimer et vénérer jusqu'à sa mort (étant, l'année suivante, devenu son voisin comme curé de Moisy), nous reçut à bras ouverts, remerciant Mgr l'Evêque et le Ciel de lui envoyer un vicaire.

L'hospice de Morée, disposé pour recevoir huit malades, en contenait plus de cinquante. Le plus grand nombre était atteint de la petite vérole noire, une terrible épidémie, fléau des armées en campagne. Elle étendait ses ravages sur nos troupes déjà surmenées et atteignit par contre-coup la population.

A Mondoubleau déjà nous l'avions vue de près. Bien soignés par les bonnes sœurs, les pauvres jeunes gens tenaient tête au mal ; mais leur sang vicié ne pouvait s'épurer à nouveau. Des ulcères profonds dévoraient leur chair, et la mort, après des mois de souffrances, emporta ses victimes.

Heureux ceux qui tombèrent sur le champ de bataille !

Nos malades de Morée, comme ceux de Mondoubleau, étaient affreux à voir ; leurs joues boursouflées répandaient un pus fétide. Nous devions, pour les confesser, nous coller presque bouche à bouche. Nous n'avions même pas la place d'une chaise entre les lits et sur la figure tuméfiée, nous trouvions à peine un endroit sain pour faire aux mourants les onctions sacrées.

Pauvres jeunes gens, belle jeunesse moissonnée dans sa fleur ! comme il était affreux cet hôpital rempli, jusque dans les moindres coins, de malades purulents, de pourritures vivantes !

Et pourtant, ils étaient courageux ces *gars*, si *feurieux* hier, aujourd'hui si malades. L'œil était vif encore dans la figure boursouflée, les forces s'en allaient, mais leurs fronts restaient empreints de courage et de résignation.

Francs-tireurs, mobiles, cavaliers et fantassins, entassés dans ce modeste hôpital, accueillaient avec plaisir la poignée de main et les conseils de l'aumônier, devenu leur ami et leur père.

Qu'elle était bonne, active, intelligente, douce et obéie de ses sœurs, de ses malades et de tous, cette bonne supérieure des sœurs de la Sagesse, dans ces circonstances douloureuses !

Elle se multipliait et accomplissait sans bruit, sans heurt, presque sans changer de place, la lourde tâche que le ciel lui confiait.

La Providence divine, qui s'étend à tout, ménage sans doute, pour les époques difficiles, de pareils dévouements. Ceux qui eurent la bonne fortune de recevoir les soins de la sœur de Morée en conserveront toujours le souvenir. Elle leur semblait un ange descendu des cieux pour consoler les misères humaines.

*
* *

Dans la soirée du 30 octobre, une lugubre nouvelle se répand : Metz a capitulé ! Nous ressentîmes profondément l'humiliation d'un pareil désastre, et il nous fut difficile d'en supporter l'amertume.

Gambetta, qui avait pris, le 10 octobre, la direction des ministères de l'intérieur et de la guerre, aggrava encore la situation par sa proclamation restée tristement célèbre :

« Français,

« ..... Metz a capitulé !

« ..... L'armée de la France..... est engloutie, malgré

l'héroïsme des soldats, *par la trahison des chefs*, dans les désastres de la Patrie ».

Dans une adresse à l'armée, il osait dire : « *Vous avez été trahis*, mais non déshonorés ».

Ces paroles imprudentes mettaient les chefs de l'armée en suspicion près de leurs soldats. Il en résulta des commentaires fâcheux et quelques actes d'indiscipline.

Dans certains corps, des sous-officiers voulaient supprimer les chefs et des officiers parlaient de donner leur démission. L'attitude calme et correcte du général d'Aurelle de Paladines, qui avait les attributions de chef d'armée tout en commandant directement le 15e corps, apaisa l'effervescence en haut et en bas et ramena peu à peu le calme dans les esprits.

Dans la Mobile, des capitaines lurent au rapport la proclamation le rouge au front, d'autres se déchargèrent de cette besogne sur le sergent-major ; plusieurs la laissèrent sous silence, malgré les ordres reçus.

Morée n'était occupé que par deux compagnies du 2e bataillon ; les autres cantonnaient çà et là, à Fréteval, à Viévy, à Écoman, à Moisy et dans les fermes en avant des bois.

Dès le lundi, nous visitons ces postes et nous trouvons çà et là, sur la paille, des hommes encore peu malades, dont plusieurs s'achemineront bientôt vers l'hôpital.

Un accident fort triste venait d'arriver. Un pauvre moblot s'était cassé la jambe dans sa propre maison, à Moisy, où sa compagnie cantonnait. Selon les règlements, il fallut le transporter à Morée. Dans l'atmosphère empesté de l'hôpital, il contracta la petite vérole et mourut à 7 kilomètres de ses parents désolés.

Comme à Morée, les officiers furent particulièrement sensibles à l'attention de leur évêque qui leur envoyait un prêtre. Les simples soldats, toujours sympathiques à l'aumônier, n'en sentaient l'utilité que sur le champ de bataille, témoin ce blessé des environs de Blois, à qui on rappelait au banquet de 1892 ce cri du cœur, lorsqu'il fut atteint : « Holà, maman... holà, maman... qu'on aille me chercher le curé ! »

Le 1er bataillon n'eut son aumônier qu'après Coulmiers.

Par l'adjonction d'un troisième bataillon formé des mobiles de Maine-et-Loire, sous les ordres du commandant de la Vingtrie, le 75e mobile était constitué et, en 1893, le poète moblot, Théophile Favoreau, pourra dire :

> Après vingt et trois ans, nous voilà réunis
> Tous des anciens moblots et tous de vieux amis.
> Officiers et soldats, au feu; nous étions frères,
> Et marchant dans nos rangs, l'aumônier fut un père.
> Français ! notre devise alors fut Liberté ;
> Défenseurs du Pays, c'était l'Égalité ;
> Buvons comme jadis à la Fraternité !

La garde nationale de la Bosse, commune aussi petite que remuante, venait de donner un exemple original de cet amour de l'Égalité et de la Fraternité.

Un jour, après de copieuses libations, elle décide de marcher à la rencontre de l'ennemi.

> Mourir pour la Patrie,
> C'est le sort le plus beau !

Mais avant de prendre la route d'Ecoman, elle se rend au presbytère.

— M. le Curé, en temps de République, tout le monde est égal, vous allez partir avec nous.

— Mes amis, j'ai plus de soixante ans : on n'enrôle dans la garde nationale que jusqu'à 60 ans et aucun de vous n'a atteint cet âge.

— Faut que les curés partent comme tout le monde. Tant pis si vous avez plus de soixante ans, puisque vous êtes curé.

Et, au nom de l'Égalité, quoiqu'il eût plus de 60 ans, la garde nationale emmena son curé. Ils étaient en avance ces braves gens qui, vingt ans avant qu'elle fût votée, préludaient ainsi à la fameuse loi « les curés sac au dos ! »

Les voilà à Ecoman.

Le capitaine de notre Mobile, qui commande la place, veut faire entendre raison à ces imbéciles.

— Faut que tout le monde parte, répondent les voix avinées.

— Votre curé a plus de soixante ans.

— Faut que tout le monde parte...

Bref, le capitaine des mobiles réclame le prisonnier ; un commandant de place a seul le droit d'en avoir.

Les gardes nationaux obéissent et livrent leur curé qui fut interné au presbytère. Il recouvra sa liberté pendant la nuit.

La garde nationale de la Bosse s'illustra d'ailleurs à l'assaut des deux cafés d'Ecoman, et, fière de ses exploits, rentra dans ses foyers.

Morée estimait et aimait la Mobile de Loir-et-Cher. C'étaient des enfants du pays, disciplinés, pleins de bon vouloir, acceptant avec joie la cordiale hospitalité que tous leur offraient.

Il en fut tout autrement des francs-tireurs de Paris arrivés bruyamment le 29 octobre. Leur vaillante conduite dans la défense de Châteaudun les avait enorgueillis au plus haut point. Braves au feu, mais peu disciplinés et pillards, ils étaient la terreur des municipalités et des habitants, qui ne les connaissaient que sous le nom de *Petits Prussiens.*

Le 9 octobre, à Ablis, près Rambouilllet, dans un coup de main bien préparé et heureusement exécuté, ils avaient fait prisonniers 67 hussards et saisi 88 chevaux.

Le produit de la vente de ces chevaux devait être partagé entre les francs-tireurs. Lipowski, leur colonel, toucha les fonds et garda tout ; de là, plaintes et récriminations.

Un jour, un groupe de francs-tireurs entoure le colonel

sur le boulevard de Morée et l'enferme dans un cercle menaçant, au cri mille fois répété : Ablis ! Ablis ! Ablis !

Ces enragés vont certainement le mettre en pièces..... Lipowski prend tranquillement son revolver et ordonne d'en arrêter deux, en les désignant par leur nom, et de les conduire au poste.....

Devant son attitude froide et énergique, tous obéissent et l'attroupement se disperse.

Nous avons été témoin de cette révolte des soldats et de l'énergie du chef, nous en avons conservé un souvenir ineffaçable. Plusieurs de ces brigands étaient bien dignes de figurer quelques mois plus tard dans l'état-major de la Commune.

Les deux prisonniers furent enfermés dans la prison de Morée. Ils devaient passer en conseil de guerre et eussent certainement été fusillés. Dans la nuit, avec ou sans l'assentiment de Lipowski, ils s'échappèrent.

Nos pauvres mobiles admiraient ces corps de francs-tireurs, bien armés, bien nourris, bien payés, bien vêtus, quoique affublés de costumes bizarres, aux ornements fantaisistes. Plumes, rubans, toques, feutres, casquettes, ceinturons multicolores, tout leur était bon. Ils réussirent quelques hardis coups de main, mais génèrent bien souvent les mouvements des avant-postes.

II

EN AVANT

—

SAINT-LAURENT-DES-BOIS

—

A l'appel du canon.

Peu à peu, par petits détachements, le 16e corps, formé à Blois sous les ordres du général Pourcet, arrivait à l'abri derrière la forêt dont nous avions la garde. Les bois, les clairières, la plaine se couvraient de tentes, et partout, la nuit, malgré les ordres les plus sévères, étincelaient les feux des bivouacs.

Bien des choses manquaient encore à nos hommes. Le luxe d'habillement des compagnies de francs-tireurs ne faisait que mieux ressortir leur dénûment. Chacun s'ingéniait pour remplacer les fournitures militaires qui n'arrivaient pas.

Les officiers avaient ajouté au képi galonné et au pantalon à bande rouge, des vêtements de chasse, des manteaux, des caoutchoucs...

L'aumônier compléta sa toilette par une musette de toile suspendue au côté, des guêtres de cuir, dépouilles d'un soldat tué à Coulmiers et un caoutchouc noir qui couvrait sa soutane.

Il avait sur la poitrine une croix et au bras gauche un brassard avec la *Croix rouge sur fond blanc.*

C'était le signe adopté en 1868 par la Convention de Genève pour la protection des blessés et que devaient également porter les drapeaux des ambulances et des hôpitaux.

Les soldats se drapaient dans des couvertures d'écurie aux couleurs bariolées qui couvraient tant bien que mal leurs pauvres corps à peine protégés par les misérables vêtements distribués en novembre. On y avait cependant ajouté des gilets de tricot et des ceintures de flanelle.

Mais les capotes manquaient encore en novembre. La mobile faisait alors partie de la fourmilière des 40,000 hommes qui grouillaient dans les boues de Saint-Péravy, avec Chanzy, commandant le 16e corps, et l'amiral Jauréguiberry à la tête de la division.

« Le général demeurait au château, et chaque jour, un régiment, à tour de rôle, lui fournissait une garde d'honneur. Depuis longtemps, nous demandions des capotes d'infanterie pour nos hommes, dont les ignobles vareuses étaient en guenilles, et qui seraient tous morts de froid sans les gilets de tricot assez bons qu'on leur avait récemment distribués et sans leurs couvertures. Lorsque ce fut notre tour de fournir la garde d'honneur, le colonel de Montlaur eut une vraie inspiration. Il commanda à chacun des 24 capitaines de lui fournir les 4 hommes les plus en lambeaux de sa compagnie, et confia le commandement du détachement à un officier très intelligent. J'eus la curiosité d'aller voir cette garde d'honneur : c'était absolument inénarrable. Jamais Calot n'a rêvé guenilles, haillons et loqueteux pareils.

« Quand l'amiral sortit et vit cette cour des miracles fort bien alignée, très correctement au port d'armes et commandée par un officier irréprochable, il s'arrêta stupéfait.

— D'où diable sortent tous ces *salauds-là ?* — Monsieur l'amiral, c'est la Mobile de Loir-et-Cher. — Ah ! ça ne m'étonne pas.

Dès le lendemain, nous recevions vingt capotes d'infanterie par compagnie, et, peu après, tous nos hommes en avaient (1). »

Les armes faisaient aussi défaut. Le fusil chassepot était alors l'arme de nos troupes, mais à la suite de ses défaites et de l'investissement de Paris, la France n'en avait plus et ses défenseurs n'étaient munis que d'armes anciennes.

Le gouvernement fit fabriquer des chassepots. Les manufactures de l'État, quoique aidées par des usines particulières, ne suffisaient pas. Le nombre des soldats augmentait dans une proportion bien supérieure à la quantité des armes et il fallut s'adresser aux nations étrangères.

Mais faire les marchés, fabriquer et envoyer les commandes réclamait des délais, que ne comprenait guère notre jeune armée. On enviait les corps munis de chassepots, on les jalousait.

C'est que le chassepot était alors le premier fusil du monde. On nous donna enfin le remington, venu d'Amérique, bon fusil d'ailleurs, à tir rapide et à longue portée. Il se rapprochait du fusil à aiguille prussien.

Les baïonnettes, l'arme française par excellence, ne vinrent que plus tard. Bulot raconte qu'on en fit, le 1er décembre, une dernière distribution au 1er bataillon qui en manquait encore. Le 3e n'en fut pourvu que le 7 décembre. Ces sabres-baïonnettes, fabriqués pour chassepots, ne s'adaptaient pas aux remingtons. Peu à peu les serruriers de chaque compagnie les ajustèrent. Puis on s'approvisionna en ramassant les baïonnettes des soldats morts sur le champ de bataille.

*
* *

(1) Baron DE MARICOURT, *Casquettes blanches et Croix-Rouge*, p. 95-96.

Ce fut un beau jour pour la Mobile que le dimanche 6 novembre.

En avant, c'est la grande guerre qui commence. Sur le soir, nous quittons Morée où nous laissons bien des amis, et nous prenons la direction de Marchenoir, au couvert de la forêt, en passant par la Bosse.

Les deux bataillons doivent se masser dans les environs de Marchenoir, le premier en avant, le second près de Saint-Léonard.

Plusieurs d'entre nous firent ce soir-là connaissance avec le coucher dans un champ, sous une toile de tente. Il faisait froid, la paille manquait, les tentes furent montées trop vite et les lisières de toile insuffisamment bordées de terre. Aussi, l'air entrait facilement et fournissait subrepticement un rafraîchissement dont on ne sentait pas le besoin. Le matin, on se leva tout d'une pièce, les membres raidis par le froid, mais les mouvements reprirent bientôt leur souplesse après un étirement consciencieux des jambes et des bras.

Qui donc y songeait, quand le 7, à 11 heures, la grande voix du canon éclata soudain, sonore et puissante, à quelques kilomètres de nous, vers Saint-Laurent, de l'autre côté de la forêt ?

Nous partons au bruit.

Laissant la chaussée aux convois et à l'artillerie, nous trottions le long des berges de la route, en deux longues files, avec une joyeuse énergie et un entrain patriotique. Il semblait que nous allions inaugurer la victoire.

Dans leur empressement, plusieurs compagnies déposèrent leurs sacs en tas, dans les bois ou près des maisons et de l'église de Saint-Laurent. On ne pensait qu'à courir le plus vite possible au secours des camarades.

Cette voix formidable du canon nous appelant en toute hâte de l'autre côté de la forêt nous faisait l'effet d'un clairon gigantesque convoquant l'armée de la Loire au salut de la France,

Enfin, nous les tenions ces redoutables ennemis ; l'armée de la Loire, nous n'en doutions pas, allait faire parler d'elle, et, en refoulant les Prussiens, voir son nom entouré d'une auréole de gloire.

Une colonne de Bavarois, forte de plusieurs milliers d'hommes, commandée par le général de Stolberg et appuyée d'artillerie, s'était heurtée à la 1re compagnie du 1er bataillon de notre Mobile cantonnée à Saint-Laurent-des-Bois. Un bataillon de chasseurs à pied et un régiment de marche se déployèrent immédiatement, et quatre compagnies de notre 1er bataillon prirent l'extrême gauche du champ de bataille.

Les forces ennemies se concentrèrent entre Vallière, Marolles, Villesiclaire et Chantôme.

« Déjà les tirailleurs allemands avaient atteint la lisière de la forêt, incendié la ferme du Bois-d'Enfer et le moulin de Marolles, et ne se trouvaient plus qu'à cent mètres environ de Saint-Laurent. Le 3e bataillon de chasseurs à pied et les compagnies de mobiles de Loir-et-Cher, postés dans le village, n'hésitèrent pas à se porter en avant, bien que sur un terrain découvert et exposés au feu de l'artillerie ennemie, qu'il n'était pas encore possible de contre-battre, la nôtre arrivant par les routes de la forêt. Pendant plus de deux heures, ces troupes tinrent sous le feu le plus violent, aux prises avec l'infanterie ennemie qui s'était déployée (1).

« Le nombre supérieur de l'ennemi et une pluie d'obus commençaient même à inspirer des craintes sérieuses lorsque le secours arriva :

« Le 2e bataillon accourait au pas de charge après un élan furieux de 10 kilomètres ; derrière lui, plusieurs pièces de quatre et des mitrailleuses entrèrent en ligne.

« Il était temps.

(1) Chanzy, *La deuxième armée de la Loire*, p. 15-16.

« Un moulin à vent (1) (dont le croquis eut les honneurs du banquet en 1892) et une ferme criblés d'obus venaient de prendre feu. Le 2ᵉ bataillon se mit en position derrière les batteries françaises, qui se portèrent au centre, et l'action s'engagea d'une manière générale.

« Grâce aux mitrailleuses, à 3 heures et demie, l'affaire était terminée et l'ennemi en retraite (2) ».

Le général de Stolberg ramena ses troupes par échelons sur Baccon, sous la protection de son artillerie qui se retirait batterie par batterie ; ce qui n'empêcha pas une compagnie bavaroise, assaillie dans Vallière, d'être faite prisonnière presque entièrement par les cavaliers du général Abdelal, accourus au bruit du canon.

(1) Les moulins à vent jouaient un grand rôle. Ils servaient de signaux en plaçant leurs ailes selon un angle convenu. Aussi les Prussiens les incendiaient volontiers et n'épargnaient guère plus les clochers.

(2) *Le 75ᵉ Mobile*, p. 39 et 40.

Cette brillante affaire ne coûta à la France que quatre hommes tués et une quarantaine de blessés. Aucun de nos mobiles ne fut atteint.

Les Bavarois perdirent 164 hommes, 3 officiers et 83 prisonniers.

Admirables d'élan et de sang-froid, nos mobiles n'avaient pas eu un instant d'hésitation et cette première rencontre inaugurait d'une manière heureuse les opérations de l'armée de la Loire.

C'était une victoire, nous restions maîtres du champ de bataille ; rien ne saurait décrire la confiance et l'enthousiasme des troupes ce jour-là.

*
* *

La Mobile coucha sur ses positions et le lendemain nous fûmes dirigés sur Ouzouer-le-Marché.

Pour la première fois nous traversâmes le champ de bataille. Çà et là des morts, les membres raidis, attendant encore la sépulture, des chevaux tués ou mourants, des débris d'armes et des munitions.

En se retirant, les Prussiens avaient incendié le village de Chantôme dont les ruines fumaient encore. Ce n'était que maisons éventrées, toits défoncés, récoltes perdues.

Le soir, on s'arrêta en avant d'Ouzouer-le-Marché. La nuit venait et, comme le fait remarquer le sergent Lebatard, les chemins étaient mauvais, les vivres loin, le temps noir et le gaz peu allumé.

Les convois furent mal organisés et les hommes se plaignaient d'être envoyés en pure perte d'un point sur l'autre à la recherche des rations qui faisaient partout défaut.

Dès ce jour, l'intendance fut jugée. Hélas ! jusqu'à la fin de la guerre on se plaignit de son service et de l'irrégularité dans les distributions.

Des grand'gardes placées un kilomètre en avant couvraient l'armée et elles étaient elles-mêmes protégées par des avant-postes poussés à 500 mètres. Toutes les routes et tous les chemins étaient gardés par des vedettes de cavalerie.

Grand'gardes (1) et avant-postes bivouaquaient en plein air. Les troupes couchèrent sous la tente.

La 1re compagnie du 1er bataillon, placée en grand'garde, se trouvait à peu de distance des avant-postes allemands. Il faisait déjà très noir lorsqu'une troupe non signalée s'avance avec précaution. L'émotion gagne le factionnaire et le chef de poste qui n'ont pas encore le mot d'ordre (2). Comment reconnaître à qui l'on a affaire ?

« Halte-là ! Qui vive ? »

« France ! »

On se reconnut et les moblots reçurent l'ordre de se replier en arrière. Ils n'en couchèrent pas moins dehors sur la terre gelée et sans défaire leurs sacs.

Au second bataillon, la 3e compagnie bivouaquait aussi en avant, très près des feux allumés par l'ennemi.

Un nouveau capitaine, M. Lacroix, employé des postes, ancien chasseur d'Afrique, était arrivé ce jour-là. C'était un excellent officier qui fut blessé à Loigny.

(1) Une grand'garde est un poste avancé d'un camp ou d'un cantonnement, chargé d'en protéger les approches. Un officier commande et détache en avant des petits postes qui se couvrent par des sentinelles, lesquelles essayent de voir sans être vues. Pas de tentes aux grand'gardes, ni de feux, ni de batteries, ni de sonneries.

On n'y doit pas dormir et se tenir prêt à faire front à l'ennemi s'il se présente, pour donner au régiment endormi le temps de se mettre en défense.

(2) Mot, ou plutôt deux mots, l'un d'homme, l'autre de ville, que le chef d'armée donne chaque jour à ceux qui sont sous ses ordres pour se reconnaître. Quand le chef donne deux mots, ce qui arrive presque toujours, le premier s'appelle mot d'ordre et le second mot de ralliement. On confie le mot d'ordre aux sentinelles en les plaçant à leur poste ; quiconque veut passer doit dire le mot d'ordre.

Malgré les retards et les émotions de la nuit, ce cam
pement d'Ouzouer-le-Marché n'a laissé que d'agréables
souvenirs. Le temps, quoique froid, était beau. La paille
était abondante, les tentes bien dressées et malgré l'intendance on était quand même arrivé à allumer du feu et à
faire bouillir la soupe.

Toutes ces nouveautés, au lendemain d'un si heureux
succès, occupaient joyeusement nos moblots assis comme
de vieux troupiers sur des bourrées ou des bottes de paille,
autour de la marmite de l'escouade, qu'on pendait à trois
piquets au-dessus d'un bon feu.

La nuit, des rêves de combats et de victoires hantaient
les cerveaux surexcités.

C'est que l'Espérance, fille de la Foi, engendrait dans
nos âmes l'enthousiasme qui déborde et renverse tous les
obstacles.

Nous croyions en nous, nous avions foi dans notre
force et notre bonne volonté, et nous attendions, avec l'aide
d'En-Haut, une victoire qui fut celle de Coulmiers, vrai
sourire de Dieu dans nos malheurs.

COULMIERS

—

Victoire !

'EN était fait, nous avions une place dans l'armée de la Loire, j'allais dire un état-civil.

Les deux bataillons de Loir-et-Cher étaient réunis. Renforcés d'un bataillon de mobiles de Maine-et-Loire qui vint nous rejoindre au camp de Saint-Péravy, nous formions un régiment encadré dans la 1re brigade de la 1re division du 16e corps sous le matricule 75. Enrôlés, enrégimentés, embrigadés, endivisionnés, incorporés dans l'armée de la Loire, quel bonheur et quel honneur ! Nous en étions fiers.

Les escarmouches des avant-postes, ce n'était pas assez pour nous ; nous les dédaignions, nous voulions maintenant de grandes batailles.

Comme les vieilles troupes habituées à la dure, nous campions gaiement. La paille ne manque pas encore pour le coucher ; la soupe du soldat sent bon, elle bout à merveille malgré la bise.

C'est avec un air martial que chacun prend place autour de la marmite, regardant mijoter le bœuf de la ration et humant l'odeur agréable des pommes de terre d'occasion.

Condé, le héros de Rocroy, au matin de la bataille qui devait immortaliser son nom, dormait d'un sommeil si profond qu'on fut obligé de le réveiller. Sans être des Condé, nous aussi nous dormions de bon cœur, tant avait pour nous de charme, au début, le coucher sous la tente. Je l'affirme, pendant deux jours le campement nous parut un mode de vivre supérieur à tout autre. Le réveil était alerte, joyeux et décidé. Il promettait la victoire, nous devions la saisir ; mais avant de raconter les combats et la gloire de ce grand jour, qui fut le baptême du feu, faisons connaissance avec nos chefs.

*
* *

L'armée de la Loire, formée des 15e et 16e corps, était alors commandée par d'Aurelle de Paladines. Ce général, placé au cadre de réserve depuis deux ans déjà, n'hésita pas, en voyant les malheurs de la Patrie, à reprendre l'épée et à mettre son courage et son expérience au service du pays. Malgré ses 67 ans, il était toujours méthodique, résolu, calme et ferme dans le danger. C'était un ancien soldat d'Afrique et de Crimée, qui avait conquis ses galons à la pointe de l'épée. Habitué au commandement, il voulut voir de ses yeux, se dépensa, veilla à tout ; avec une fermeté de main qui ne se démentit jamais, il sut ramener l'ordre et la discipline dans l'armée.

A la fin d'octobre, en effet, il avait réuni à la hâte, du côté de Salbris, 60,000 hommes qui composèrent le 16e corps. C'est à lui que l'armée de la Loire doit son existence et ses succès ; c'est à lui aussi que la France doit cette formation rapide de cadres qui servit de modèle pour les corps formés plus tard.

Le général Pourcet, le 20 novembre, avait remis le commandement du 16e corps au général Chanzy, âgé de 44 ans seulement. Sa physionomie et l'éclat de ses yeux dénotent une rare intelligence servie par une volonté peu commune. Sa bouche fine est abritée par une moustache blonde, relevée coquettement. Tout l'ensemble de sa personne respire la confiance et le calme, et lui gagne l'estime de ses soldats.

Ce général est une des plus grandes figures de l'armée de la Loire ; il en eut le commandement depuis Loigny jusqu'à la paix.

Immédiatement à côté de lui, nous pouvons placer le contre-amiral Jauréguiberry, arrivé le 8 novembre et qui commande la division (1). D'une taille moyenne, un peu gros, quoique bien proportionné, le visage encadré de longs favoris blancs, le front haut, le regard profond et dur, la tête couverte d'une casquette à visière, les lèvres serrées, la parole vibrante, tout en lui exprime la sévérité, la froideur, l'indomptable énergie du marin. Inflexible, parfois même bourru, d'une bravoure sans égale au combat, s'excitant à l'odeur de la poudre, il électrise et entraîne les moins ardents.

Bizarrement assis sur son petit cheval arabe, dont le trot le fait sautiller, il semble naviguer sur une mer houleuse.

Le général Bourdillon est à la tête de la brigade. Ancien colonel de gendarmerie, il possède la placidité et l'allure discrète de ce corps d'élite. Le soldat, qui l'aime déjà, s'attachera tout à fait à ce brave officier général quand il l'aura vu au feu.

C'était un homme d'une grande bonté et fort bien élevé. Tous les généraux de l'armée de la Loire ne méritaient pas cet éloge.

Après le 16 décembre, Jauréguiberry aura pour successeur le général Deplanque. Plus tard le général Bourdillon sera remplacé par le général Isnard de Sainte-Lorette.

Avec le titre de lieutenant-colonel, le comte de Montlaur commande le régiment. Officier de valeur, il avait donné sa démission lors de son mariage, mais son cœur était resté à l'armée. Son amour de la Patrie le fit s'arracher aux douceurs de la famille pour occuper le poste d'honneur que la France lui confiait.

---

(1) Chaque corps comprenait trois divisions d'infanterie, une de cavalerie et une réserve d'artillerie. Les divisions d'infanterie étaient composées de brigades comprenant au moins un régiment de ligne ou de marche et un régiment de mobiles. Plusieurs batteries d'artillerie étaient attachées à chaque division.

Notre colonel, avec sa figure fine et distinguée, ses yeux francs et droits, d'une vivacité sans égale, tempérée par une bienveillance incomparable, était un brillant officier, que les mobiles ont toujours aimé et dont ils sont toujours demeurés justement fiers. Les exercices, la théorie, les difficultés de détail remontaient presque toujours jusqu'à lui ; ses solutions étaient celles d'un homme pénétré du métier et connaissant son devoir.

Nommons aussi les commandants Clauzel, Sampayo et de la Vingtrie. Le premier est à la tête du premier bataillon. Droit comme une lame d'épée et d'une inaltérable bonne humeur, il est très aimé de tous, officiers et soldats.

Le commandant de la Vingtrie était à la tête du bataillon de Maine-et-Loire. Après le 2 décembre, il remplaça le colonel blessé à Loigny.

Le commandant Sampayo ne fit que passer au régiment. Tombé malade au camp de Saint-Péravy, il s'en alla mourir à Vendôme et laissa dans la Mobile une réputation méritée de capacité et d'énergie.

Daridan-Tanvier nous a conservé l'ordre du jour qu'il adressait aux mobiles du 2ᵉ bataillon « au moment de faire voile pour la bataille de Coulmiers » :

« Braves mobiles du 2ᵉ bataillon,

« Aujourd'hui, nous sommes appelés à prendre part à la lutte qui s'engage en ce moment. Redoublons de courage, efforçons-nous de prendre l'offensive en braves et honnêtes soldats. Malgré votre temps d'exercice absolument trop restreint, malgré l'organisation rapide de l'armée de la Loire, je compte sur le loyal concours de vous tous. Si toutefois nous avons à former le carré, allons-y avec sang-froid et dévouement. Tirez sur les hommes ; si vous n'êtes pas sûrs des hommes, tirez sur les chevaux et n'ouvrez le feu qu'avec modération et qu'à 600 mètres. Quoiqu'étranger parmi vous, mes amis, je ne suis pas un conscrit, il y a dix-huit années que je suis dans le service militaire.

« Allons, braves mobiles ! Courage ! En avant ! Vengeons notre chère Patrie, déjà menacée. Espérons trouver un nom dans l'armée de la Loire ! »

Les cris de : « Vive la France ! » retentirent dans tous les rangs ; chacun prit son parti en brave, et l'on marcha en avant.

*
* *

Le général bavarois von der Tann, autrefois au service de la France dans la Légion étrangère, occupait Orléans. Il était éclairé jusqu'à Coulmiers et Baccon par sa cavalerie, soutenue elle-même par des batteries placées aux points statégiques et aux débouchés des routes. Les bois qui couvrent Orléans à plusieurs lieues de distance étaient gardés par des détachements et la banlieue de cette ville fortement occupée. Ces troupes ne se montaient guère qu'à 26 ou 27,000 hommes, presque tous Bavarois avec 110 pièces de canon.

L'armée de la Loire était forte alors de 75,000 hommes, dont 50,000 combattants seulement dépassèrent la forêt de Marchenoir et prirent la direction d'Orléans avec 150 bouches à feu.

Craignant d'être bloqué dans cette ville, von der Tann se porta, avec le gros de ses forces, à notre rencontre, et s'établit solidement à Baccon, à Coulmiers et dans les petits villages environnants. Il avait peur d'être obligé de soutenir le feu dans la plaine boisée voisine d'Orléans, et préférait, pour mieux s'étendre et protéger son centre, s'éloigner ainsi de quelques lieues. Il espérait probablement que ses troupes aguerries auraient plus de chances dans un pays découvert, contre des régiments recrutés et formés à la hâte, mal habillés et à peine équipés.

Pendant que le général ennemi opérait cette manœuvre, d'Aurelle de Paladines le surveillait ; aucun mouvement ne lui échappait.

Le 8 novembre. il envoyait l'ordre de marcher en avant au 15e corps, resté sous son autorité directe, et au général Chanzy, commandant le 16e. Cet ordre avait été discuté et arrêté en Conseil, dans une conférence tenue dans la commune de Suèvres, au château de Diziers, propriété du colonel de Montlaur. A cette conférence avaient pris part le commandant du 16e corps et le général Borel, chef d'é-tat-major général.

Par suite, le général Bourdillon, avec sa brigade, doit se porter à Ouzouer-le-Marché, et ne le quitter qu'après la 2e brigade qu'il doit suivre à 4 kilomètres de distance. Son rôle est de servir de réserve à l'aile gauche de l'ar-mée. Les régiments doivent marcher en colonne et en ligne de bataille, pour éviter devant l'ennemi des mouvements de flanc, toujours dangereux, mais surtout avec des troupes impressionnables.

*
* *

Le 8, le 75e bivouaque près d'Ouzouer-le-Marché. Le lendemain, 9 novembre, après une nuit tranquille, le mouvement en avant s'effectue dès 8 heures, avec beaucoup d'ordre. La jeune armée se déployait dans les grandes plaines de la Beauce avec un calme admirable et résolu.

Elle sentait son importance et comprenait que sur elle reposait l'espoir de la Patrie. Si, au prix de son sang, elle pouvait vaincre l'ennemi, du même coup elle changeait la face des choses, troublait ses projets, détruisait l'effet de ses victoires et donnait à la France le temps de se ressai-sir.

Ils pensaient aussi, ces jeunes soldats, que bientôt la mort arriverait terrible, foudroyante, fauchant des rangs entiers, et que ces corps maintenant vigoureux, si pleins d'ardeur, ne seraient bientôt plus que des cadavres sans vie ensevelis dans la grande plaine, où inconnus ils dormiront leur dernier sommeil ; et puis, le printemps venu, la terre revêtira sa verdoyante parure, et les sillons tracés par l'impitoyable charrue du laboureur donneront une moisson abondante, car cette terre aura été fécondée par le sang le plus pur de ses enfants.

Malgré ce heurt de pensées tristes et consolantes, les mobiles n'avaient rien perdu de leur gaieté ni de leur entrain. Que leur importait de mourir? La victoire les appelait. Ils mourraient s'il le fallait, ils donneraient leur sang à la Patrie jusqu'à la dernière goutte ; mais ce serait la mort du brave, chargeant l'ennemi, tombant au champ d'honneur. Et plus tard, dans la famille, pendant les longues veillées, en parlant de l'ancien moblot, le vieux père, la vieille mère diront aux petits enfants attentifs au coin du foyer : « Il est mort au champ d'honneur, le 9 novembre, ayant généreusement sacrifié à la Patrie envahie, ses joies, ses espérances et son sang. »

Le temps était froid, un peu sombre, mais sec ; les manœuvres, derniers préparatifs du drame sanglant qui allait se dérouler et dont nous devions être spectateurs, puis acteurs, s'effectuent sans trop de difficultés, même dans les champs labourés. Devant les troupes s'étend un double rideau de tirailleurs, couvrant le gros des bataillons contre les émotions d'un premier choc avec l'ennemi.

Tout à coup, vers 10 heures du matin, un bruit sourd résonne. C'est le canon !

Les Prussiens, dont l'artillerie était supérieure à la nôtre, avaient pour usage d'ouvrir le feu par une décharge simultanée de plusieurs batteries. Ces feux continus, troublants, d'une effrayante intensité, produisaient toujours un certain étonnement dont l'ennemi profitait pour rectifier ses positions et assurer ses dernières combinaisons.

Le général d'Aurelle eut l'heureuse idée d'engager aussi, dès le début, une grande partie de son artillerie.

« A 3 ou 4 kilomètres de distance, un petit nuage blanc passait soudain, puis un roulement rauque, profond, formidable qui faisait trembler la terre et frissonner les plus braves ; puis le sifflement des obus, dont l'intensité grandissait, rapide comme la pensée, et s'éteignait après une détonation sourde. Nos pièces répondaient coup pour coup.

« A droite, la fusillade crépitait de plus en plus vive. En avant, sur la route, à 2 kilomètres environ, plusieurs fermes en feu abritaient des tirailleurs ennemis.

« Le 2ᵉ bataillon se mit en marche en obliquant à gauche, mais à peine avait-il dépassé une ondulation de terrain, derrière laquelle il se trouvait masqué, qu'une grêle de balles l'assaillit. C'était la première fois que nous étions engagés. Le second bataillon supporta courageusement le choc. »

C'était le baptême du feu.

En recevant au milieu d'eux ces terribles messagers, portant la mort dans leurs flancs, nos jeunes guerriers baissent involontairement la tête. Ils sont là dans une inertie pire que le danger même, l'arme au pied, ne pouvant répondre à l'ennemi hors de portée.

Les officiers se multiplient, vont, viennent, encouragent les hommes et dissimulent eux-mêmes, en s'agitant, l'émotion qui les envahit. Cependant notre artillerie fait vaillamment son devoir et charge régulièrement sous un feu meurtrier qui décime les servants et démonte deux canons.

La plupart des boulets ennemis, passant par-dessus les têtes des mobiles, vont s'enfoncer sans éclater dans la terre peu consistante.

Le bruit du canon, qui avait diminué en face de Baccon, redoublait d'intensité du côté de la Renaudière et du grand Lus. De temps en temps passaient quelques blessés, rouges de sang et noirs de poudre, encore terribles dans leur faiblesse, semblables à des lions qui ont vendu chèrement leur vie. Ils vont gaillardement à l'ambulance, annonçant que tout va bien.

Une batterie du 16e corps, placée sur le chemin de Saintry au Grand Lus, divisait les forces de l'artillerie allemande et permettait à la brigade Deplanque de traverser Epieds et de se porter sur Cheminiers. Assaillie par les feux de Saint-Sigismond et de Gemigny, elle dut encore essuyer ceux de Coulmiers et de Rosières.

'A midi, l'artillerie de la division Barry arriva et tira sur Coulmiers. L'action s'engagea alors sur toute la ligne. Les forces de l'ennemi étaient considérables, sa cavalerie s'était avancée jusqu'aux fermes d'Ormeteau et de Vaurichard dans le but de tourner notre gauche, et de nombreuses batteries balayaient la plaine que nous devions parcourir.

A 2 heures, le 15e corps était maître de la Renardière et du Grand-Lus et un premier effort des tirailleurs enleva les jardins de Coulmiers. La résistance principale était au cœur même de ce village.

Le général Barry devint alors le héros de la journée. Vers 3 heures, il lança ses troupes sur l'ennemi. Accueillies par une vive fusillade, il y eut un moment d'hésitation. Alors mettant pied à terre, le général, à la tête de la colonne principale, se précipite l'épée à la main à l'assaut du village, aux cris de « Vive la France ! En avant les mobiles ! » Tous les chefs imitent son exemple ; l'élan fut irrésistible.

Les ennemis fuient à la hâte laissant entre nos mains un assez grand nombre de prisonniers. A 4 heures nous étions dans Coulmiers, et nos batteries, faisant face à Rosières et à Gémigny, rendirent impossible tout retour de l'ennemi.

A 5 heures, toutes les troupes de l'amiral Jauréguiberry se portèrent à la fois en avant et s'emparèrent au pas de charge des villages de Champs et d'Ormeteau.

Après la prise de ces villages, dont le dernier avait été soigneusement crénelé et admirablement disposé pour la défense, l'ennemi, en pleine retraite, fut poursuivi, tant qu'il fit clair, par le feu de notre artillerie (1).

*
* *

Le 2ᵉ bataillon se tenait immobile sous les obus et les balles. Les hommes tombaient, les rangs se serraient, les vides se comblaient.

Enfin, sur le soir, il participa à la charge générale de la division et arriva le premier à Champs que l'ennemi venait d'évacuer.

On n'y trouva qu'un jeune Bavarois, gardant les corps de deux officiers tués à coups de baïonnette.

Dans le lointain, sur Orléans, une longue ligne noire se repliait en désordre. C'était l'ennemi vaincu. Elle eût été faite prisonnière en grande partie, si le général Reyau, au lieu de fatiguer sa cavalerie en marches inutiles, avait opéré un mouvement tournant selon les ordres qu'il avait reçus.

Le second bataillon eut plusieurs tués et une dizaine de blessés. La 8ᵉ compagnie eut six hommes atteints, et, parmi eux, Lucas, de Faye, qui reçut une blessure à la jambe gauche. Nous le retrouvâmes le lendemain à l'ambulance d'Epieds ; Blanchard, de Vendôme, fut blessé au bras, Guyot Alexandre, de la Chapelle-Saint-Martin, à la tête, Chaillou, de Vendôme, au pied, Louis-Constant Bessé, de la Chapelle-Vicomtesse, avait un effort dans la jambe, et Boucher, de Verdes, la cuisse fracturée. Ribouleau, de Suèvres, avait une balle dans la cuisse. Philippe David et Chevé, de Vendôme, Théophile Lafaille, d'Autainville, Sylvain Bardoy, d'Huisseau, près Bracieux, Félix Dyé, de Montoire, se trouvaient également malades ou blessés à Epieds.

Alleaume, sergent-major de la 1ʳᵉ compagnie du second

____

(1) Rapport officiel du général d'Aurelle.

bataillon, fut tué au premier coup de feu ; il reçut deux balles, l'une en pleine poitrine et l'autre dans le front. La mort fut instantanée. Ce brave, âgé de 25 ans, était d'Onzain et fils unique. Ses parents vinrent le reconnaître sur le champ de bataille et firent transporter son corps à Onzain où il fut inhumé le 13 novembre.

Alleaume était détaché au service d'ordre de la brigade, où chaque régiment avait un sergent et deux hommes.

Philippot (l'aimable membre du comité de Vendôme) y fut envoyé le 10 novembre, en remplacement d'Alleaume, avec le même grade de sergent-major.

Ces hommes allaient rejoindre leurs corps respectifs et se battaient comme leurs camarades, mais la journée finie, ils se rendaient à la brigade et, la nuit, copiaient, dans la chambre du général, les ordres de la division. Des plantons les transmettaient aux colonels.

C'est surtout à Epieds que furent recueillis les blessés. Ils étaient alignés sur un lit de paille dans l'église, les écoles, les granges.... En attendant qu'on puisse les évacuer sur Orléans délivré, M. le curé d'Epieds, Blésois d'origine, se prodiguait pour secourir tant d'infortunes.

Dans une petite chambre du presbytère se trouvait un officier dont nous ignorons le nom et le régiment. Il était dans le plus piteux état, la jambe broyée par un obus. Il voulait vivre et les médecins refusaient de l'opérer.

« Non, je ne veux pas mourir, » disait-il avec une insistance navrante et énergique. Les médecins se décidèrent, pour le contenter, à rectifier son horrible blessure. Il supporta courageusement l'opération, mais mourut le lendemain, après avoir reçu les consolations de la religion.

*
* *

Le premier bataillon après avoir remonté la pente d'un mamelon, « redescendait dans la plaine, lorsque, découvert par une batterie prussienne, trois ou quatre obus lui arrivèrent successivement.

« Les fronts s'inclinaient, mais les rangs restaient immobiles ; on attendait un ordre.

« L'ordre arriva et nous remontâmes en biais la colline, appuyant à gauche pour gagner une ferme qui pourrait nous mettre à couvert, et poursuivis par les obus.

« Heureusement, notre marche continuelle contraria trop le tir pour que les coups fussent justes (1). »

Au moment de cette marche, un obus entra brutalement dans les rangs, tomba près de nous, fouilla le sol trempé par l'humidité, fit jaillir une masse de terre, renversa et enterra un caporal qui se trouvait à notre droite. Nous le croyions broyé par cette masse de fer. Le caporal se releva un instant après, en secouant la terre attachée à ses habits avec la volupté d'un homme qui s'est cru mort pendant un moment. Il en fut quitte pour la peur (2).

Jauréguiberry passait avec son escorte. C'était un but tout indiqué pour les projectiles ennemis. Tout près des mobiles, un obus enlève plusieurs dragons et l'amiral continue froidement d'avancer. « En ce moment, continue Bulot, les explosions précipitées, le désordre qui venait de se produire dans l'état-major, à quelques pas de nous, semèrent dans le bataillon une sorte de panique.

« Rien de dangereux et d'inexplicable à la fois comme ces terreurs soudaines qui s'emparent, à un moment donné, des esprits les plus énergiques, qui peuvent faire perdre en quelques instants le fruit de toute une journée de lutte héroïque, et ternir fatalement une existence d'honneur et de gloire.

« On a vu des hommes saisis de cette folie de la peur, qui cent fois avaient joué leur vie froidement, qui vingt minutes après retourneront se jeter tête baissée au plus épais de la mêlée.

(1) *Le 75ᵉ Mobile*, p. 47.
(2) Daridan-Tanvier.

« Tout soldat a passé par là.

« Cette frayeur subite tient de l'hallucination et du vertige ; il y a en elle de l'incompréhensible et de l'inconnu.

« C'est nerveux.

« On s'enfuit, non pas par crainte, non pas par lâcheté, mais simplement pour s'enfuir.

« Quelque chose d'analogue allait saisir le 1er bataillon.

« Ce fut alors que les mobiles purent juger les officiers qu'ils avaient soupçonnés jadis.

« Chaque capitaine se jeta devant sa compagnie, appelant ses hommes par leurs noms, les raillant de leur poltronnerie, les encourageant contre les obus qui sifflent sans mordre, les enlevant de son courage.

« Ce fut comme un éclair !

« Les divisions déformées reprirent leurs places, la marche continua, et on se demandait entre soi pourquoi et de quoi on avait eu peur (1). »

Le lendemain, d'Aurelle de Paladines adressait à l'armée de la Loire un ordre ainsi conçu :

« La journée d'hier a été heureuse pour nos armes. Toutes les positions attaquées ont été enlevées avec vigueur ; l'ennemi est en retraite. »

Il disait dans son rapport au Gouvernement : « Nos troupes d'infanterie de ligne et nos mobiles, qui voyaient le feu pour la première fois, ont été admirables d'entrain, d'aplomb et de solidité. »

Nous avions 1,500 tués ou blessés. Les pertes de l'ennemi s'élevaient à 2,000 tués ou blessés et à 2,500 prisonniers, en y comprenant les malades et les trainards laissés à Orléans.

Le 16e corps comptait 146 tués, dont 6 officiers, et 918 blessés, dont 37 officiers, et 220 hommes disparus.

Un Bavarois fait prisonnier résume ainsi ses impres-

____

(1) BULOT, *Le 75e Mobile*, p. 47-49.

sions dans une lettre écrite le 12 novembre et que cite
M. de Freycinet : « Il n'y a plus d'armée de la Loire, di-
sait-on... et je trouve tout un camp bien organisé, avec
une artillerie formidable, une cavalerie admirablement
montée et une infanterie qui nous a prouvé ce dont elle
était capable à la bataille de Coulmiers... Je crains que la
fin de tout cela ne soit aussi déplorable que le début a été
heureux et glorieux. »

SAINT-PÉRAVY

—

UYANT devant nous, von der Tann nous abandonnait une partie de la Beauce et Orléans.

Visitons nos conquêtes.

Gargantua traversa la Beauce comme elle était encore couverte de forèts. Sa jument incommodée des mouches et des frelons « desgaîna sa queue et si bien s'escarmouchant, les esmoucha, qu'elle en abattit tout le bois ; à tord, à travers, de çà, de là, par cy, par là, de long, de large, dessus, dessous, abatoit bois comme un fauscheur fait d'herbes. En sorte que depuis n'y eut ne bois, ne freslons, mais fut tout le pays réduit en campaigne.

« Quoy voyant, Gargantua y prit plaisir bien grand et dit : je trouve BEAU CE. Dont fut depuis appelé ce pays la Beauce. Mais tout leur desjeusner fut par bailler. En mémoire de quoy les gentilshommes de Beauce desjeunent de bailler. »

Nous fûmes souvent gentislhommes de Beauce, déjeûnant par cœur, nous ennuyant formidablement, baillant à nous démonter la mâchoire.

Personnellement, nous n'avons rien à reprocher à la Beauce et aux Beaucerons, ayant toujours trouvé sans trop de peine le morceau de pain nécessaire à notre vie et le gîte pour nous reposer. On en a médit pourtant, et d'anciens auteurs en disaient beaucoup de mal.

Nous ne parlons point de la fausse Beauce qui n'est

qu'une partie du Blésois et du Vendômois, mais de la vraie, de celle qui s'étend au-delà d'Ouzouer-le-Marché et hors du département de Loir-et-Cher.

« Les anciens historiens en font un pays qui, outre les grains, est malpropre à une bonne partie du reste de ce qui est nécessaire ou utile à la vie, et la décrivent et décrient tout ensemble par ce distique (1) » :

> *Belsia, dulce solum, cui desunt bis tria solum.*
> *Fontes, prata, nemus, lapides, arbusta, racemus.*
>
> Beauce, sol enchanteur, s'il avait un ruisseau,
> Un pré, des bois, un roc, du vin, un arbrisseau.

Amédée Gabourg complète ces descriptions de la contrée par celle des habitants :

« Parcourons.... la Beauce. C'est le repos dans la richesse, l'égoïsme dans la fécondité.... Ces hommes se sont changés en marchands de blé. Le prix régulateur des farines et l'agiotage des halles, voilà ce qui a conservé le privilège de faire battre leur cœur, s'ils en ont un encore (2) ».

Ne généralisons pas trop ; mais plus d'un Beauceron a été capable de vendre un verre d'eau à nos soldats. Cette infamie s'est répétée trop souvent, non seulement en temps de guerre, mais pendant les placides grandes manœuvres.

S'il y a eu malheureusement trop de faits de ce genre en 1870, nous n'avons la preuve d'aucun, si ce n'est d'un morceau de pain de 200 grammes au plus, vendu 30 centimes à un petit engagé breton qui n'avait que

---

(1) Souchet, 1589-1654. *Histoire du Diocèse et de la Ville de Chartres*, t. I, p. 31-32.

(2) Amédée Gabourg, *Histoire de France abrégée*, 3 vol. in-12, t. III, p. 446.

17 ans (1). Nous n'avons pas non plus entendu l'horrible parole, presque historique : « Si nous vous vendons ce que vous nous demandez, nous n'aurons plus rien à donner aux Prussiens ! »

*
* *

Lá reprise d'Orléans fut une grande joie pour la France. Elle eut un grand retentissement en Europe.

Orléans, quoique ville ouverte, a une grande importance stratégique. Commandant et couvrant la Loire, elle était une base d'opérations naturelle pour dégager et ravitailler Paris.

D'un côté, elle fermait la Sologne aux incursions ennemies, qui s'étaient déjà portées jusqu'à Salbris, en menaçant les établissements militaires de Bourges et de Vierzon. De l'autre, elle protégeait la Beauce, toujours riche en approvisionnements, malgré les razzias déjà opérées par les deux armées.

Une forêt l'entoure au sud-est et à l'ouest ; les bois de Montpipeau, au nord. Entre ces forêts et la ville, s'étend une zône de 5 à 6 kilomètres, hérissée de clôtures, de maisons, de vergers, de vignes et de bouquets de bois. Les talus des chemins de fer de Tours et de Bourges forment un demi-cercle de tranchées et de remblais. Dans la ville elle-même, les boulevards se prêtaient admirablement à la défense. Enfin, sept grandes routes et des lignes de chemin de fer assuraient le ravitaillement.

M. de Freycinet (2), qui blâmera plus tard le général

(1) Il est vrai qu'un officier, apprenant le fait, courut chez le paysan et le pria de rendre les 30 centimes, ce qui eut lieu.

(2) On sait que le vendredi 7 octobre, M. Gambetta, membre du Gouvernement, avait quitté Paris en ballon. Arrivé le 9 à Tours, il se constitua, le lendemain, ministre de l'intérieur et de la guerre. M. de Freycinet lui fut attaché avec le titre de délégué à la guerre.

d'Aurelle de n'avoir pas continué l'offensive, lui écrivait le 27 octobre :

« Général,

« Aussitôt que votre armée sera à Orléans (si Dieu veut qu'elle y arrive) et sans perdre un instant, vous donnerez des ordres pour établir un camp fortifié autour de cette ville, pouvant contenir de 150 à 200,000 hommes... Constituez à Orléans un point d'arrêt définitif à la marche de l'ennemi.

« C. de Freycinet. »

A tort ou à raison, le projet de camp retranché fut exécuté et les travaux poussés avec vigueur.

D'Aurelle fut nommé, le 14, commandant en chef de toute l'armée de la Loire. Aux 15e et 16e corps étaient ajoutés le 17e et quelques détachements.

Que serait-il arrivé si l'armée victorieuse se fût portée immédiatement sur Paris dont les lignes d'investissement n'avaient pas encore une grande solidité ?

L'armée bavaroise eût été en péril, son état de désorganisation était si lamentable qu'il lui eût été impossible de résister ; aucun secours ne pouvait lui arriver en temps utile, ni du grand état-major aux environs de Paris, ni du prince Frédéric-Charles, parti de Metz, et encore trop éloigné.

Mais ensuite ?.... Il est bien à croire que notre armée n'eût pas poursuivi plus loin ses opérations ; tout lui manquait en vivres, en matériel, en armes et en munitions, et l'armée de Frédéric-Charles n'aurait pas tardé à la prendre en flanc.

*
* *

Revenons à la Mobile de Loir-et-Cher, que nous avons laissée, le 9 novembre, sur le champ de bataille de Coulmiers.

Toutes les notes des camarades Hahusseau, Guérin, Atry, Alliot, Lebatard, Daridan-Tanvier, comme celles des officiers baron de Maricourt et Miron de l'Espinay, sont unanimes pour dépeindre comme absolument déplorables le soir et le lendemain de la victoire.

Au lieu de nous envoyer en avant ou, pour le moins, de nous maintenir sur nos positions, on nous fit rétrograder de deux lieues jusqu'à un « hideux cloaque de boue visqueuse, sorte de marais nauséabond, dans lequel nous nous laissâmes tomber à bout de forces. Cela s'appelait Poiseaux (1). »

Nous étions de grand'garde par un temps affreux, dit le sergent Lebatard ; il avait plu toute la nuit, il faisait excessivement noir. A force de piétiner dans la boue sans pouvoir changer de place, nous avions de l'eau à mi-jambe.

A l'aube, il fallut s'occuper de prendre quelques aliments. Un peu de fromage et de pain mouillé fut pour plusieurs un régal qui manquait à beaucoup d'autres.

Nous n'avions pu nous reposer et nous avions gardé toute la nuit sac, fusil et harnachement complet sur le dos, parce que le sol était trop humide pour déposer quoi que ce soit à terre.

« On campa, dit aussi Bulot. Quel campement !

« Les hommes s'arrachaient la paille, le bois était rare, pas de viande. Je me rappelle avoir soupé cette nuit-là d'un os de lard salé !...

« On s'endormit, bercé par la pluie qui bourdonnait en tombant sur les tentes. »

« A sept heures du soir, lisons-nous dans le *Journal d'un Officier du 1ᵉʳ Bataillon*, le régiment attendait encore qu'on lui désignât un endroit pour camper. Personne n'avait mangé et il fallut reculer, deux lieues durant, jusqu'à Poiseaux.

(1) *Casquettes blanches*, p. 72.

« Cette longue distance paraissait interminable, l'obscurité nous faisait chanceler au moindre obstacle et la fatigue nous étourdissait. Nous étions dans une plaine toute inondée ; nos habits ruisselaient d'eau froide et pénétrante.

« Nuit terrible pour des soldats qui ont parcouru une longue étape, livré combat et poursuivi l'ennemi. Mais la joie de voir le Prussien vaincu réchauffait les membres glacés. »

A ces épreuves s'ajoutent les accidents particuliers.

Celui qui a eu l'imprudence de quitter ses souliers ne peut les remettre ; ses pieds échauffés n'y peuvent rentrer ; il doit marcher sans chaussures.

Un autre a cassé ses sous-pieds. Ses souliers ballottés entre les pieds et la terre gluante vont et viennent et lui coupent les chevilles. Le lendemain il faut faire une entaille aux souliers sous peine de marcher nu-pieds.

Un autre souffre d'un effort au genou. Des camarades le soutiennent pour l'aider à marcher pendant que les voisins portent son sac et son fusil. Nous pourrions citer cent faits de ce genre montrant la bonne camaraderie et la charité chrétienne de nos moblots.

La nuit s'écoula, d'une longueur interminable. Au matin, le clairon réveilla ceux qui avaient pu dormir. Aussitôt, les soldats cherchent à rendre à leurs membres engourdis un peu de chaleur, en se groupant autour de mauvais feux, allumés dans la boue.

Beauce enchanteresse ! Vraiment elle refusait tout : l'eau potable, le bois, la paille, le pain, le vin et la viande. Ajoutez à ce dénûment une inondation de boue.

« La boue, dit Bulot, s'était transformée en vase liquide : on pataugeait dans ce bourbier pour décrocher les tentes et plier les toiles. La vase coulait partout, dans les guêtres, dans les souliers, elle poissait les couvertures, bouchait le canon des fusils. »

Par un chemin de traverse, « je devrais dire un marais

de traverse, les moblots, l'estomac creux, piétinaient et glissaient piteusement. Pour comble de malheur, des flocons énormes de neige s'amoncelaient sur le sac, puis s'épanchaient en ruisseaux dans les reins et le cou des pauvres mobiles mouillés, transis, gelant de froid et suant de fatigue. »

C'est en marchant ainsi qu'ils apprennent l'évacuation d'Orléans et l'importance de la victoire de Coulmiers.

Enfin, au bout de trois lieues, un clocher dressa son coq au-dessus des arbres de la route. Voici Saint-Péravy-la-Colombe ! Nous faisons halte au milieu de ce village comme pour en prendre possession.

La veille encore, le quartier général de von der Tann y était installé dans le château de la comtesse de Guercheville et on rencontrait partout les traces de l'ennemi.

De rares habitants, des femmes et quelques vieillards sont encore là ; les autres ont disparu. Les maisons sont remplies de paille, les meubles brûlés, les fenêtres disloquées. Des inscriptions en langue allemande sur chaque porte indiquent le nombre d'hommes à loger. Des objets de campement, des armes brisées, des cartouches gisent çà et là, pêle-mêle, ajoutant encore à la tristesse de la situation.

Au bord de la route que nous remontons jusqu'à Lignerolles, à 3 kilomètres en avant, des corps de Bavarois, grands et beaux hommes, attendent dans un fossé que l'on songe à leur sépulture. Ils seront enterrés là, dans un coin de champ, ignorés de tous, loin de la famille et de la Patrie. Ils étaient pieds nus ; on avait pris leurs chaussures !

Un cavalier de l'arrière-garde bavaroise, blessé grièvement, eut encore la force de se traîner jusqu'à l'église de Saint-Péravy. Il s'agenouilla et mourut en priant. Le matin, le curé le trouva à genoux, mort, raidi par le froid (1).

(1) *Journal d'un Officier du 1er Bataillon.*

Çà et là, des chevaux blessés rougissent la neige de leur sang et râlent dans les fossés. D'autres sont morts et déjà à demi dépecés par les troupes qui se taillent des rations dans le vif.

Nous traversons Lignerolles et nous arrivons à la nuit au village de Villardu qui domine le pays, rompus de fatigue, implorant du repos et un abri.

Mais il faut encore parcourir 2 kilomètres par une pluie froide qui dure depuis 24 heures, pour atteindre notre bivouac, qui est un autre et magnifique étang de boue.

Un de nos sergents de grand'garde tombe évanoui. On le relève, et, ranimé par un peu d'eau-de-vie, il est reconduit au camp.

Le lendemain, même temps, même froid, même pluie, mêmes ordres, contre-ordres, mais à l'inverse. Nous allons de Villardu à Lignerolles, de Lignerolles à Saint-Péravy, où nous attendons dans la boue et sous la pluie un ordre de campement.

Enfin la colonne s'ébranle !

Après de fréquents arrêts, résultant de l'encombrement des troupes, nous campons sur la commune de Boulay, auprès d'un groupe de maisons appelé Clos-Aubry. Le terrain qui nous était destiné avait été piétiné par la cavalerie. C'était un champ de blé récemment ensemencé.

De là, on apercevait les tours de la cathédrale d'Orléans. Quel rêve d'aller cantonner quelques jours dans la grande ville reprise à l'ennemi !

Un régiment de marche passe fièrement près de nous. C'est le seul de l'armée de la Loire qui possède une musique militaire. Il est envoyé à Orléans pour qu'on puisse écrire dans un bulletin : « Les Français sont rentrés à Orléans, musique en tête. »

*
* *

Clos-Aubry, c'est le repos, mais quel repos !

Toujours sous la pluie et dans la vase !

Là, quelques parents et amis vinrent nous faire visite : tous repartirent navrés de notre triste situation. Nous nous partageâmes les provisions et les nouvelles du pays ; bien des amitiés se créèrent entre les moblots embourbés et souffreteux.

C'est là aussi que parut, pour la première fois, l'aumônier du 1er bataillon, M. l'abbé Grelat, alors vicaire et depuis curé-doyen de Selles-sur-Cher. « C'était vraiment un cœur d'ami, de soldat et de prêtre. Rien ne devait plus le séparer de nous et son souvenir restera lié à toutes nos misères (1). »

Et toujours le régiment campait, las d'une inaction plus fatigante que la marche et les combats.

Ce stationnement avait pour but de compléter l'instruction de l'armée, de la condenser, de la discipliner, de la pourvoir du matériel, des effets et des munitions qui lui manquaient et de donner à de nouveaux corps le temps de la renforcer.

Le 15 novembre, il gelait.

Mais le lendemain, la pluie revint et avec elle cette humidité qui pénètre jusqu'au fond des tentes. Tout le *bibelot* ruisselle d'eau. Rien n'est épargné, pas même les vêtements, le linge et les fusils.

Et la boue augmentait toujours, avec une profondeur d'un pied, sans écoulement possible : vrai marécage nauséabond, dans lequel nous avons vécu, mangé, dormi, évolué.

L'Allemand, lui, soigneusement abrité dans les granges, écuries et maisons, éprouvait le grand avantage du cantonnement comparé à notre infortuné campement.

Réfugiés dans les tentes, les mobiles s'entassent les uns sur les autres, couchés et serrés, faute d'espace, au point de ne pouvoir remuer.

(1) *Journal d'un Officier du 1er Bataillon.*

Ils essaient cependant de s'astiquer, de se laver, de se brosser, peine inutile.

Parfois, le soleil montre sa face rayonnante qui va sécher notre camp ; mais il recule bientôt d'horreur devant ce cloaque sans nom, devant une besogne si énorme, et le ciel redevient gris, monotone, maussade, pluvieux, désespérant.

La gaieté française ne reprenait son entrain et sa verve qu'autour des feux d'escouade pendant que :

> Autour du bois tout vert, flambant comme une forge,
> En dépit du brouillard qui frappait à la gorge,
> Dans la grande marmite, un pot au feu saignant
> Sommeillait comme un juste et soufflait en bouillant.

Lorsque c'était possible, les jeux de cartes occupaient les heures de loisir. Les habiles épataient la galerie par des tours savants, avec ou sans compère, et nous retrouvons sur le carnet d'un camarade les quatre mots bien connus, de chacun cinq lettres : *Mutus dedit nomen cocis.*

Citons quelques *nouvelles militaires,* apportées au camp par la poste ou les visiteurs blésois et longuement commentées.

C'est un monsieur de Br., capitaine de la garde nationale, qui écrit que les châtelains des environs se disposent à recevoir les Prussiens comme des amis. Sur quoi, la gendarmerie fait une enquête et trouve, au contraire, tous les châtelains « animés d'un vaillant esprit de défense » contre l'ennemi.

Un ingénieur d'occasion envoie une circulaire à tous les préfets pour indiquer le moyen de construire autour de toutes les villes, des retranchements inexpugnables.

Un inventeur présente le modèle d'un objet à jeter partout, même dans l'eau, pour arrêter la cavalerie prussienne.

C'est une jeune fille des environs de Blois, qui demande à payer la dette des quatre Français, ses frères, dont trois sont morts pour la Patrie et le quatrième trop jeune pour porter les armes. Elle préférerait servir dans la cavalerie.

M. Alphonse Guéritte réclame 25 canons de vieux fusils à pierre pour les employer à la confection d'une mitrailleuse. Cependant, à son avis, des canons de chassepots donneraient un résultat bien supérieur.

La Mobile avait aussi ses inventeurs.

L'un d'eux s'était fabriqué une cuirasse en cuir bouilli, un autre en métal, un troisième en feuilles de papier. C'étaient sans doute un cordonnier, un serrurier et un homme de lettres.

Un quatrième, au feu, se blindait la poitrine de quatre ou cinq biscuits. Le soir, l'ingrat dévorait son bouclier.

*
* *

Chaque jour les troupes de nouvelle formation arrivent à l'abri de notre camp retranché ; l'artillerie, le matériel se complètent, les corps s'aguerrissent et s'habituent à la discipline ; les coups de fusils des avant-postes forment les soldats à la rude vie de campagne.

« Tout cela, ajoute un jeune soldat, est fort utile, mais nous voudrions aller de l'avant, surtout depuis que nous savons, par l'expérience de Coulmiers, combien est courte la journée passée au bruit du canon ».

Les distributions de pain, de biscuit, de viande, de café, d'eau-de-vie, de riz et même de tabac se font assez régulièrement. Les premiers jours cependant, faute de pain, le biscuit et le cheval avaient joué un grand rôle dans l'alimentation.

On touchait :

Pain	750 grammes.
Viande fraîche.	350 ou 400 grammes.
Riz	60 grammes.
Sel	16 —
Café	16 —
Sucre . . .	21 —
Solde . . .	0 fr. 25.

Ajoutez certaines conserves, comme les plaquettes graisseuses de lard d'Amérique que l'on faisait rissoler devant le feu, avant de les dévorer à belles dents.

Les voitures de réquisition, qui formaient un parc immense derrière nous, s'approchaient sur la route d'Orléans, et chacun à tour de rôle allait chercher les rations.

La boucherie était à un ou deux kilomètres en arrière et les troupeaux de bœufs attendaient en ruminant l'heure de leur immolation.

Tout déplacement pour les corvées se faisait par des chemins affreux, tracés en plein champ, à la mode de Beauce. Des mares infectes coupaient çà et là les chemins et faisaient du plus petit dérangement une besogne affreusement pénible.

Quelques rares reconnaissances, le service d'honneur, les gardes des avant-postes et quelques exercices tenaient les troupes en alerte et complétaient leur instruction militaire.

C'est de Clos-Aubry que partit notre très regretté commandant Sampayo, cruellement malade, pour s'en aller mourir à Vendôme. Ses obsèques eurent lieu le 21 novembre au milieu d'une foule attristée.

Le capitaine de Terras devient commandant du 2ᵉ bataillon dont il sera brutalement séparé par un éclat d'obus, le 2 décembre, à Loigny.

Jeune et brillant officier, très aimé dans sa compagnie, c'est à lui que les moblots offrirent le fameux lièvre du Clos-Aubry, pris à la main, dans les tentes de la companie de Mondoubleau-Savigny.

Pauvre animal, fourvoyé au milieu des camps ! Aussitôt aperçu, il est pourchassé de tous côtés. Il tombe d'un régiment de marche, sur un régiment de mobiles, d'un groupe de cavaliers sur une escouade de piétons... Bref, affolé par les cris d'une division tout entière, il se jette dans les tentes de la 6ᵉ du 2ᵉ bataillon. Tous braconniers, les Percherons le happent au passage et l'offrent à leur capitaine.

En 1870, la chasse ne fut pas ouverte. La chasse à l'homme remplaçait la poursuite des animaux. Aussi un loustic ne manqua pas de menacer de la gendarmerie qui dresserait procès-verbal.

Le régiment avait un dépôt à Blois commandé par le capitaine Chevillon. Un ordre supérieur décida qu'il serait formé d'hommes mariés, blessés ou convalescents.

Et voilà, un beau matin, tous les hommes mariés du campement, hors des rangs, alignés, sac au dos, sur le point de prendre la direction de Blois. Après trois heures d'attente, le départ arriva. Joyeux à la pensée de revoir leurs femmes et leur famille, ils quittaient sans regret le cloaque où ils croupissaient si misérablement. Ils avaient déjà fait gaillardement six kilomètres sur la route d'Orléans à Châteaudun, lorsque vint un ordre contraire. Ils reprirent, le cœur serré, le chemin du camp.

Au régiment, leur retour fut accueilli par des paroles malsonnantes, ce qui augmentait encore la tristesse de ces pauvres soldats, ballottés ainsi au gré d'ordres contradictoires (1).

Plus nous restions dans cette boue, plus les ambulances s'encombraient de malades. Cette étape meurtrière engendrait des rhumes, des pneumonies, la dysenterie, la petite vérole et le typhus. Les moins atteints se soignaient sur place. Je ne conseille cependant, que sous réserve, le remède dont se servit le sergent Lebâtard contre une fluxion : un peu de petit lait. Il en résulta un commencement de dysenterie que le docteur guérit avec un cataplasme de mie de pain et quelques gouttes de laudanum.

C'était les remèdes généraux et particuliers pour toutes les maladies....

*
* *

(1) Daridan-Tanvier.

Tertullien dit des Romains du IIe siècle : « Dans la prospérité, ils se contentaient de porter leurs yeux vers le Capitole ; mais l'adversité vient-elle s'asseoir au seuil de leurs maisons, ils s'empressent d'élever vers le Ciel leurs regards attristés : dans ce moment, ils sont chrétiens.... »

Tels nos mobiles. Le danger est un puissant excitateur de la foi endormie. « Ah ! mon Dieu ! » s'écrie le soldat blessé. Ce cri du cœur est écouté du Dieu qui entend la fleur s'ouvrir et distingue, dans le bruit des batailles, le dernier souffle du soldat.

Pauvres enfants ! Sur la paille mouillée, dans la boue, dans la neige, qu'importe ! ils se confessaient de bon cœur et mouraient réconciliés avec leur Dieu, sans plaintes, sans récriminations.

Que de fois, en allant et venant dans le tohu-bohu bruyant et gluant de Saint-Péravy, le long d'un chemin et plus souvent dans les guérets triturés et envasés, nos conversations intimes se terminaient par un signe de croix que l'œil de Dieu discernait dans l'inattention générale !

Sur le champ de bataille, dans les ambulances et dans les granges, au dehors et au dedans, nous avons administré bien des mourants.

Ils suivaient, de leur œil à demi voilé, les actions liturgiques, présentaient eux-mêmes leurs membres aux onctions et s'endormaient doucement, mourant ainsi pour Dieu et la Patrie.

Leur sacrifice, si simplement et si vaillamment accepté, devait leur ouvrir la porte du ciel, où bien des mères, après les avoir longtemps pleurés, les auront retrouvés depuis 25 ans.

Rien n'est bon et fortifiant pour le cœur comme une fête religieuse au camp.

Avant de quitter Clos-Aubry, nous devions avoir une messe militaire au milieu du camp et l'idée avait été accueillie dans la mobile avec empressement.

Malheureusement le dimanche suivant, le mauvais temps

rendit le projet impossible et il fallut se contenter d'une messe militaire dans l'église de Saint-Péravy.

Les généraux y étaient largement représentés et l'église presque remplie d'officiers et de soldats.

Des mobiles servaient la messe que l'aumônier du 2e bataillon avait l'honneur de célébrer.

Un officier du 75e (1) tenait l'orgue. Son cœur de soldat et de chrétien lui inspira les plus touchantes harmonies.

C'était un jour de fête de la Très-Sainte Vierge, « forte comme une armée rangée en bataille », et nous confiions à cette bonne Mère l'armée de la France, prête à verser son sang pour la Patrie.

Nous embrassions par la pensée plus que par le regard les plaines voisines couvertes de tentes, répétant comme une prière les paroles de la Sainte Ecriture : « Que vos pavillons sont beaux, ô Jacob ! que vos tentes sont belles, ô Israël ! »

Sanctus, Sanctus Dominus Deus sabaoth ! Saint, saint, Saint est le Seigneur, le Dieu des armées.

Un piquet d'honneur se tenait en armes. A l'élévation retentit un commandement : « Présentez armes ? Genou terre ! »

En même temps les clairons sonnèrent aux champs. « Et nous priions Dieu de bénir nos fatigues, de récompenser nos efforts et d'agréer l'offrande que nous lui faisions sincèrement de notre vie. Ce sont des heures bénies que celles-là (2). »

M. l'abbé de Beuvron, aumônier en chef du 16e corps, prononça quelques paroles émues et réconfortantes, et chacun regagna son poste.

C'est dans cette église, à l'autel doré avec profusion et aux lustres de cristal, que le 2 décembre, à 2 heures du matin, le père Doussot, dominicain, célèbra la messe his-

____

(1) Le lieutenant Miron de l'Espinay.
(2) *Journal d'un Officier du 1er Bataillon.*

torique à laquelle assistait un groupe de héros, dont le général de Sonis et Charette.

Des huit témoins de cette scène, qui rappelle les veillées d'armes du moyen âge, quatre étaient au ciel le même soir et les quatre survivants grièvement blessés. Ils furent des holocaustes agréables à Dieu qui choisit ses victimes parmi les plus nobles et les plus pures.

*
* *

Le souvenir des cours martiales plane lugubrement sur l'histoire des différents campements de l'armée de la Loire. Le décret qui les créa est daté du 2 octobre. Elles fonctionnaient dans chaque division, jugeant sans plaidoiries et sans aucun recours ; les arrêts étaient exécutoires dans les 24 heures. Les cas d'insubordination et de maraudage leur étaient dévolus et, quels qu'ils fussent, punis de mort.

En cas de condamnation, la sentence était exécutée le lendemain matin en présence du bataillon auquel appartenait le coupable. Il n'en était référé à qui que ce fût, pas même au général en chef (1).

A Écoman, sur la lisière de la forêt de Marchenoir, un sergent-major, échappé courageusement de Sedan, fut passé par les armes pour le vol d'une dinde. Un simple soldat subit le même sort à Moisy.

Près de Saint-Péravy, à Coince, croyons-nous, deux soldats sur le point d'être fusillés, réclamèrent un prêtre. Le curé fut demandé. Absent, il ne put répondre à l'appel de l'autorité militaire, qui, sans plus de retard, fit exécuter les condamnés. Cette justice, trop expéditive, ne dut pas se renouveler, par ordre du général en chef.

---

(1) Au feu, tout officier ou sous-officier était autorisé par le même décret à tuer l'homme qui faisait preuve de lâcheté, en n'allant pas se mettre au poste qui lui était indiqué, ou en jetant le désordre par fuite ou panique.

Nos armées pourvues de rares aumôniers officiels, avaient, à leur défaut, assez d'aumôniers auxiliaires pour qu'il fût possible de procurer un prêtre au malheureux payant de sa vie un acte d'indiscipline ou un vol, qu'excusaient souvent la faim et la misère.

Et que de choses manquaient à nos pauvres soldats !

Tout est relatif, même la justice des cours martiales. Elles ne semblaient pas instituées pour certains corps francs, surtout pour les *francs-tireurs de Paris* qui se moquaient des ordonnances contre le maraudage.

Ils avaient pour principe que l'habitant doit nourrir ses défenseurs et quand l'administration militaire ne pouvait leur fournir la nourriture, le chauffage ou le couvert, ils ne craignaient pas de se servir eux-mêmes de gré ou de force, par réquisition régulière ou non.

Le bois est une des six choses qui manquent à la Beauce. Aussi, malgré les réquisitions et les soins de l'intendance, on le ménageait.

Pourtant pas de soldat sans soupe, pas de soupe sans feu et pas de feu sans bois.

Le général commandant le 16e corps tenait son quartier général dans le bourg de Saint-Péravy, au château de Mme la comtesse de Guercheville. Nul mobile n'aurait osé enlever une branche d'arbre ou un arbrisseau en ce lieu réservé.

Toutes les troupes régulières allaient au loin toucher ou couper leur bois.

Un beau jour, les francs-tireurs de Paris viennent se reposer à Saint-Péravy. Au lieu de se rendre au bois comme les camarades, ils avisent, dans le parc de Mme de Guercheville, sous les fenêtres du général, un bel arbre, un arbre de luxe, fort gros d'ailleurs, et avec leurs coupe-choux l'abattent à grand fracas.

Personne n'y fit attention, ni général, ni aide-de-camp, ni sentinelle.

S'il se fût agi d'une compagnie de mobiles, l'affaire

aurait eu son dénouement en cour martiale. O justice et égalité !

Les documents officiels constatent qu'une vingtaine de soldats furent passés par les armes pendant la campagne de la Loire.

***

Le 3ᵉ bataillon du 75ᵉ, composé du 4ᵉ bataillon de Maine-et-Loire, recruté dans l'arrondissement de Segré, venait de rejoindre le régiment.

Il était arrivé à Blois le 11 octobre, sous les ordres du commandant de la Vingtrie, et avait été cantonné à la caserne.

Le 14 octobre, le bataillon se rend à pied à Mer. C'est là qu'il est pourvu de tentes de campement, de bidons et de grandes gamelles. Le 27, il échange les fusils à percussion contre les fusils Remington.

Le 3 novembre, les mobiles de Maine-et-Loire sont dirigés sur Marchenoir, qu'ils quittent le 6 pour Écoman où ils doivent surveiller jusqu'au 12 novembre la ligne Morée-Écoman-Moisy.

Le 13 novembre, ils viennent partager le sort des deux premiers bataillons dans les marécages de Clos-Aubry.

Ils s'installent le 14 et travaillent le lendemain avec les deux autres bataillons à des retranchements pour l'artillerie.

Puis, comme nous, ils pataugent dans la pluie et la boue.

Ils ne nous quitteront plus et seront, jusqu'à la fin de la campagne, de bons et braves camarades.

Enfin, l'autorité supérieure fit lever le camp, et l'amiral Jauréguiberry, malgré sa perspicacité et son bon sens, installa le 20 novembre la Mobile de Loir-et-Cher à deux pas de Saint-Péravy, dans une fondrière où se ramassaient toutes les eaux des environs. Nous tombions de Charybde en Scylla.

La popotte des officiers du 2ᵉ bataillon se faisait au milieu du bourg, chez l'ancien meunier Marotte, que nous avons revu vingt ans plus tard, et qui nous a reçu dans cette même chambre où nous nous entassions une quinzaine.

Nous avons revu, tout grands, ses petits enfants dont le babil joyeux nous égayait.

On vivait des rations fournies par l'administration, et on y ajoutait légumes frais, poulets et autres ressources du pays. L'aumônier, selon l'usage, touchait la ration de capitaine, mais comme volontaire, il n'avait pas droit à la solde. Il guerroyait à ses frais.

Le 22 et le 23, la pluie tombe toute la journée. La situation du 75e est devenue intolérable. En conséquence, le général, sur la prière instante des officiers, donne l'ordre de cantonner. Le régiment s'entasse joyeusement dans les maisons, les granges et les greniers. On est très serré, mais cela vaut beaucoup mieux que le séjour dans la boue. Une compagnie garde le camp.

Les jours suivants, la Mobile est sous les armes une partie de la journée.

Le 1er bataillon, au lieu de stationner à Saint-Péravy, avait été porté en avant sur Lignerolles et Patay. Quelques compagnies couchèrent dans l'église de Patay et le sergent Lebatard y copia l'ornement ci-joint que nous détachons, comme souvenir, de son cahier de notes.

Le 24 novembre, quatre compagnies du 1er bataillon participent à une longue et aventureuse reconnaissance.

Nous suivons pas à pas le récit qu'en donne le *Journal d'un Officier du 1er Bataillon.*

Nous arrivons au petit jour à Patay, où les francs-tireurs de Lipowski, cantonnés là depuis peu de temps, se rassemblent à grand fracas, sonnant toutes les fanfares de leur répertoire.

C'était insensé et le meilleur moyen de prévenir l'ennemi.

Il s'agissait de tenter un mouvement hardi sur un convoi prussien signalé près de Janville, et les quatre premières compagnies du 1er bataillon étaient désignées pour les appuyer. Les autres restaient en soutien à Patay.

Un peloton de cavalerie nous précédait.

Les francs-tireurs marchaient d'un pas léger ; leurs sacs ne les encombraient pas : ils avaient eu le bon esprit de les laisser à Patay. Nos hommes qui n'avaient pas mangé le matin, et dont le sac pesait lourdement sur le dos, avaient peine à les suivre. Après une halte très courte à Loigny, la marche devient plus rapide, et nos mobiles, exténués, s'échelonnaient le long de la route, en demandant merci.

Enfin, à Bazoche-les-Hautes, on s'arrêta vers deux heures.

Toute la plaine était parsemée de mobiles tombant de fatigue, et quant à ceux qui s'étaient traînés jusqu'au but, il leur eût été impossible de remuer si l'on avait eu besoin d'eux pour le mouvement projeté.

Plusieurs coups de feu nous apprirent que les vedettes prussiennes nous surveillaient. Nous apercevions distinctement Janville où se trouvait un camp ennemi considérable.

Le convoi que nous devions surprendre, était passé la veille et l'on donna le signal de la retraite.

Les francs-tireurs se dispersèrent dans les villages pour

y réquisitionner des vivres et des voitures. Ils revinrent ainsi aisément à Patay.

Quant à nous, nous nous traînions péniblement, laissant à chaque kilomètre plusieurs hommes par terre.

La moindre alerte nous eût mis dans le plus cruel embarras.

Préoccupés au dernier point, les officiers eux-mêmes marchaient avec peine, et telle compagnie en arrivant à Patay ne comptait plus que 8 à 10 hommes ; le reste était éparpillé sur le chemin, dans les villages ou dans les fossés des routes.

Si une patrouille prussienne avait osé poursuivre ces traînards incapables du moindre effort, elle les eût sabrés ou fait prisonniers sans résistance.

Un seul homme eut la force et le courage de revenir jusqu'à Saint-Péravy, l'aumônier, M. l'abbé Grelat.

On resta à Patay où chacun se procura comme il put le vivre et le coucher. Toute la nuit et le lendemain jusqu'au soir, les retardataires revinrent un à un, les pieds endoloris, le ventre creux, le corps fatigué et l'esprit découragé.

Le sergent Lebatard rappelait récemment qu'au retour, dans une grande ferme placée sur la route, en pleine Beauce, maîtres et domestiques avaient préparé du pain, du vin et du fromage pour nous ravitailler.

Chacun recevait un morceau de pain et de fromage et un verre de vin, puisé dans un baquet où l'on versait ensemble un seau de vin puis un seau d'eau.

Ils semblaient aussi heureux de donner que les soldats de recevoir.

Cette charité intelligente et généreuse s'est renouvelée plusieurs fois à notre connaissance. Que Dieu, qui paie un verre d'eau donné en son nom, récompense ces braves gens !

*
* *

Cependant les fortifications du camp d'Orléans, commencées dès le 13 novembre, constituaient un ensemble de défense fort respectable.

La première zône entourait Orléans. Elle était formée de redoutes dont six armées de pièces de marine à longue portée, amenées des ports militaires avec leurs agrès et leur personnel.

Une seconde ligne recevait tantôt des pièces de marine, tantôt des pièces de campagne et s'étendait dans un rayon de 4 à 10 kilomètres de la ville. Des échalas, plantés sur les talus extérieurs, en rendaient l'approche impossible à l'ennemi.

Des batteries avancées, protégées par des tranchées-abris pour l'infanterie, et reliées aux villages environnants, tous crénelés, formaient la troisième ligne.

En avant, çà et là, des retranchements en terre, des abattis d'arbres dans les bois et des coupures sur les routes, nous protégeaient contre une invasion subite. Ces abattis et ces coupures nous gênèrent plus que nos ennemis.

Ces travaux étaient bien combinés pour la défense d'Orléans par de jeunes troupes. Pour attaquer, l'ennemi devait diviser ses efforts contre des redoutes séparées les unes des autres, pendant que les Français, à l'abri, le canarderaient avec succès.

Attendre devant Orléans était donc possible et une bataille défensive offrait des chances heureuses.

D'Aurelle le voulait.

De leur côté, les Prussiens redoutaient cette éventualité, et l'arrivée du prince Frédéric-Charles, avec son armée de Metz, les décida à tenter quelques aventures pour nous faire sortir de nos lignes.

« Le duc de Mecklembourg n'aurait certainement pas accepté la bataille avant sa jonction avec l'armée de Frédéric-Charles. Grâce à la grande mobilité de ses troupes, il se serait rapidement retiré dans l'Ouest sur Dreux, ou se serait replié, soit sur l'armée d'investissement de Paris, soit sur celle du prince Charles.

Dans chacun de ces cas, l'armée de la Loire, se lançant à sa poursuite, pouvait se trouver dans une situation critique.

Elle devait donc attendre le choc de l'armée allemande dans ses positions fortifiées (1). »

Tel était l'avis du général en chef qui avait toujours présent à l'esprit le triste exemple de l'armée du Rhin, dont tous les corps avaient été battus séparément, sans pouvoir se prêter appui.

De son côté, le gouvernement de Tours, d'accord avec le pays et l'armée, voulait « faire quelque chose (2) ».

« Paris a faim et nous réclame », écrivait M. de Freycinet au général d'Aurelle, et il énumérait avec une exagération qui ne trompait pas le vieux soldat, le chiffre des forces de l'armée de la Loire.

D'Aurelle hésitait à mettre en mouvement un instrument aussi imparfait et dont les chances de succès ne lui paraissaient que très aléatoires. Le gouvernement lui imposa ses plans, outre qu'il dirigeait de Tours des opérations de détail.

Hanté de la pensée de prendre l'ennemi entre deux feux, le gouvernement demanda à l'armée de la Loire deux efforts combinés, mais dont les points d'appui étaient trop éloignés l'un de l'autre.

L'ennemi, avec ses troupes disciplinées et aguerries, battit successivement les deux ailes de notre jeune armée et les divisa en deux tronçons qui ne purent se rejoindre.

Par une étrange combinaison, devant la concentration des armées allemandes, nous disséminions nos forces.

Le 15e corps attaquera de front pendant que le 18e et le 20e évolueront à droite, le 16e et le 17e à gauche, sur une

(1) D'Aurelle de Paladines, *La 1re armée de la Loire*, 177-178.
(2) Ch. de Freycinet, *La guerre en Province*, 123.

ligne de bataille qui dans l'ensemble atteindra 80 à 100 kilomètres.

M. de Freycinet, le 2 décembre, écrivait à d'Aurelle : « A partir de ce jour, vous donnerez directement vos instructions aux 15e, 16e, 17e, 18e et 20e corps. J'avais dirigé jusqu'à hier les 18e et 20e et par moments le 17e. Je vous laisse ce soin désormais. »

C'était trop tard.

Après les sanglantes journées des premiers jours de décembre, les troupes françaises étaient trop désorganisées pour défendre Orléans contre l'ennemi victorieux.

Et voilà pourquoi, le camp d'Orléans, bon pour la défensive, ne protégea cependant ni la ville ni l'armée.

*
* *

Déjà, le 28 novembre, un convoi considérable de vivres réquisitionnés passait presque à notre portée, venant du Perche et de Châteaudun, escorté par un détachement de l'armée du duc de Mecklembourg. Ces troupes avaient occupé Droué, Souday, Mondoubleau, Epuisay et même Azay. Leurs vedettes s'étaient avancées jusqu'à Savigny, Montoire et Courtiras, à quelques kilomètres de Vendôme.

Le lendemain, les troupes du grand-duc défilaient à quelques lieues pour former, en face de nous, la droite de l'armée ennemie.

Durant ces deux jours, l'oreille à terre ou la longue vue à la main, officiers et soldats entendaient les roues des chariots ou devinaient les colonnes profondes des corps allemands.

On eût voulu attaquer ces masses et les prendre de flanc, pendant leur marche, sans leur laisser le temps de rejoindre l'armée du prince Frédéric-Charles, arrivée de Metz depuis quelques jours et cantonnée aux environs de Pithiviers. Elle cheminait par détachements, voyageant à distance les uns des autres et sur plusieurs routes à la fois.

Le 30, les mouvements de l'armée allemande s'accentuaient. Des avant-postes de Patay, on apercevait des forces considérables venant de l'Ouest, en marche sur Orgères et couvrant de grands convois.

Partout dans la plaine, nos patrouilles se heurtaient à des détachements ennemis, et plusieurs rencontres eurent lieu çà et là.

Le 1er bataillon cantonnait à Patay et à Lignerolles depuis quelques jours pour y renforcer la défense ; le 29, la 3e compagnie fut envoyée en reconnaissance sur la route de Chartres et échangea quelques coups de fusil avec l'ennemi.

Le lendemain, ce furent les Allemands qui se présentèrent en vue des grand'gardes postées en avant de Patay et esquissèrent un simulacre de combat. La ville était barricadée à toutes ses issues, des tranchées autour des murs en facilitaient la défense. Chaque compagnie protégeait un côté de la ville, et chacun fut à son poste.

Après 3 heures d'attente, on annonça que les Prussiens avaient disparu.

Le général Bourdillon, continue le *Journal d'un Officier du 1er Bataillon*, vint lui-même examiner la plaine. En passant près d'une barricade, il tomba avec son cheval dans un fossé plein d'eau qui en défendait l'approche.

Un mobile avait pris le cheval à la bride pour le faire passer sur une planche jetée en travers du fossé et l'avait mal dirigé. Le général se releva, avec une bonhomie parfaite, ne trouvant pas un mot de colère à dire, et continua sa route sur un cheval de chasseur.

Ce court séjour de Patay fut agréable à la Mobile. Les officiers y trouvèrent des hôtes aimables et dévoués. Le commandant Clauzel habitait un bel appartement dont le salon confortable réunit le 30 novembre, au soir, tous les officiers libres. On chanta, on joua du piano, on s'amusa comme des enfants.

Les événements du lendemain allaient faire un sanglant contraste avec cette joyeuse et aimable réunion.

III

GRANDS COMBATS

—

FAVEROLLES

—

A la baïonnette !

EANNE d'Arc, il y a quatre siècles, apparut dans ces plaines où nous allons combattre. Elle y guerroya l'Anglais, delivra Orléans et remporta une glorieuse victoire à Patay.

A l'exemple de la sainte et noble Pucelle, nous voulons délivrer la France vaincue, accablée, agonisante sous le talon de l'envahisseur.

En avant, mobiles de Loir-et-Cher ! C'est l'heure des grands combats ! Faverolles, Loigny, Patay vous appellent : Vous y tracerez, du plus pur de votre sang, des pages glorieuses de l'épopée sanglante qui va se dérouler pour l'honneur, sinon pour le salut de la France.

Jeanne d'Arc déploya son étendard à la peine, dans ces plaines de Beauce, en attendant qu'il fût à l'honneur, au sacre de Reims.

Nous avons succombé contre la tactique et le nombre. L'heure du triomphe nous est encore inconnue.

Malgré tout, nous plaçons sous l'invocation de Jeanne d'Arc le récit du fragment de poème héroïque que nous allons raconter.

*
* *

Le 30 novembre, à 9 heures du soir, les généraux d'Aurelle, Chanzy, Borel et M. de Freycinet s'étaient réunis en conférence près d'Orléans, au quartier général de Saint-Jean-de-la-Ruelle. Tous étaient d'accord pour marcher à la rencontre de l'armée de Paris que l'on croyait en route pour Fontainebleau.

M. de Freycinet veut pousser en avant toutes nos forces en deux groupes. Le premier, formé du 15e et du 16e corps, doit s'avancer sur Pithiviers ; le second, formé des 18e et 20e corps, sur Beaune-la-Rolande. Les généraux demandèrent qu'au préalable l'armée de la Loire se concentrât pour battre l'armée allemande qui se trouvait vers Janville.

Autrement la dissémination extrême de nos forces, sur un front de plus de 20 lieues d'étendue, les exposait à être séparées en tronçons isolés.

D'Aurelle ajouta : « Si on laisse le 16e corps faire seul le mouvement indiqué, on l'expose à être écrasé. »

Freycinet maintint l'exécution de son plan « dont l'idée générale fut conservée comme un ordre formel du gouvernement (1) ».

La marche en avant enflammait tous les courages. Dès le matin, le bruit courait que l'armée assiégée dans Paris avait fait en masse une trouée et remporté un éclatant succès. Le moral des troupes était donc excellent.

____

(1) Chanzy, *La Deuxième Armée de la Loire*.

D'Aurelle de Paladines disait dans son ordre du jour :

« Officiers, sous-officiers et soldats de l'armée
de la Loire,

« Paris, par un sublime effort de courage et de patriotisme, a rompu les lignes prussiennes. Le général Ducrot, à la tête de son armée, marche vers nous. Marchons
vers lui avec l'élan dont l'armée de Paris nous donne
l'exemple.

« Je fais appel aux sentiments de tous, des généraux
comme des soldats : nous pouvons sauver la France !

« Vous avez devant vous cette armée prussienne que
vous venez de vaincre devant Orléans, vous la vaincrez
encore : Marchons donc avec résolution et confiance.

« En avant, sans calculer le danger !

« Dieu protégera la France ! »

Cet ordre du jour, vibrant du plus pur patriotisme, joint
à la nouvelle de la délivrance de Paris, excita dans les
troupes un enthousiasme indescriptible, et l'on se prépara
à la lutte.

*
* *

Vers une heure du soir, le 75e se trouva en ordre de bataille du côté de la route de Terminiers, un peu en avant
de Patay, le 1er bataillon à droite, le 2e au milieu et le 3e
à gauche. On marchait par divisions, selon les instructions
du général Chanzy, « c'est-à-dire en lignes de bataillons
en colonnes, à distance de déploiement, l'infanterie à travers champs, l'artillerie, autant qu'elle le pourra, sur les
routes et chemins. »

La neige couvrait la terre, mais peu épaisse et gelée.
Le froid avait durci le sol, et le temps était clair. Les
mouvements de troupes s'exécutèrent sans fatigue avec
l'ordre et la précision que l'on avait remarqués lors de la
bataille de Coulmiers.

En face de nous, la plaine ; à gauche, la plaine ; à droite, encore la plaine, des champs nus, monotones, divisés en trois saisons : blés, guérets et trèfles, qui, à cette époque de l'année, s'effacent sous une teinte brune et uniforme. La neige en prend elle-même le terne coloris.

Bourgs et villages, comme des îlots, émergent de la plaine. Terminiers est à droite, plus important ; en face, Faverolles, qui n'est qu'un hameau, et Villepion, un peu à gauche avec sa ferme et son château entouré de murs et de fossés. Au coup d'œil, Terminiers est à cinq kilomètres de Patay et Villepion à sept. Faverolles se trouve entre les deux.

Le régiment s'arrête pour entendre la lecture de l'ordre du jour du général en chef que le colonel de Montlaur, l'épée flamboyante, résume en deux lignes : « Mes enfants, Paris vient au-devant de nous : en avant et vive la France ! »

A cette parole mâle, nette, éclatante, accompagnée d'un beau geste, un frémissement généreux parcourt les rangs, et l'on repart gaillardement.

Les tirailleurs se déploient sur deux lignes selon l'ordre que nous avons déjà fait remarquer, pour éviter à de jeunes troupes un contact subit avec l'ennemi.

Au loin, à 4 ou 5 kilomètres, l'œil découvre les colonnes ennemies, précédées, elles aussi, de tirailleurs échelonnés entre les deux armées. Ce spectacle est grandiose, sévère, imposant.

Dans l'intervalle, chevauchent estafettes et officiers, allant porter des ordres, rectifier les positions ou placer des batteries que l'infanterie garde avec un soin jaloux.

Les deux artilleries font rage. La fusillade des avant-postes place aussi son mot dans la conversation.

Sur les ailes, la cavalerie attend avec impatience, dissimulée derrière les plis de terrain et s'approchant le plus possible sans se découvrir.

« Nous marchions toujours, avec quelques temps d'arrêt pour le repos. « A une halte, dit M. de Maricourt, nous étions réunis, tout un groupe d'officiers : de Terras, les deux de Saint-Venant, les deux de Meckenheim, Geoffroy de Beaucorps, Gaston de Brisoult, le père Schneider, l'abbé Blanchard, notre aumônier, Gendron, Besnard et moi ; pendant que nous devisions tranquillement, un obus vint en rugissant frôler nos têtes et éclater, avec un bruit de tonnerre, à vingt pas derrière nous ; il n'avait pas dû passer à cinq centimètres de la croupe du cheval de Terras ! La pièce, pointée un demi-millimètre plus bas, eût, dès ce jour, privé en bloc le bataillon de tous ses officiers, comme les balles devaient le faire en détail le lendemain ! (1) »

Les trois bataillons s'avancent régulièrement, mais par saccades, selon la marche de l'artillerie qui procède par échelons, au fur et à mesure, de ses avantages sur l'ennemi qui recule en grondant.

Sur toute la ligne, le 16e corps gagne du terrain. De notre côté, 17,000 hommes sont engagés et, du côté opposé, plus de 16,000 Bavarois, sous les ordres de von der Tann.

Jusqu'à trois heures, nous assistons au combat sans tirer ; à cette heure, la Mobile traverse Terminiers sans coup férir, l'ennemi l'avait évacué.

Maintenant, en route pour Faverolles.

Ce hameau se compose de quelques fermes, entourées de murs et de jardins garnis de haies ; les Bavarois s'y étaient soigneusement retranchés.

A notre gauche, des lanciers sont décimés par les obus, tuant, brisant, hachant hommes et chevaux. Ces braves avaient résolu d'enlever une batterie ennemie ; mais, partis de trop loin, ils durent reculer sous un feu terrible.

Un escadron de dragons français se disposait à charger à son tour, quand un obus blessa son commandant. Des

____

(1) *Casquettes Blànches et Croix-Rouge*, p. 109.

hommes allèrent aussitôt à la ferme voisine prendre une brouette pour transporter leur chef.

« Je ne peux dépeindre la tristesse que cette perte faisait éprouver à ses soldats ; ils restaient confus, attendris, abandonnés, attendant un nouveau chef (1). »

Alors le régiment devança les dragons.

Les balles commençaient leurs sifflements de vipères, et les obus éclataient sans désemparer.

Plusieurs mobiles sont atteints.

Le capitaine Morin, de la 4ᵉ du 2ᵉ bataillon, est blessé à la jambe. La balle avait traversé le mollet, emportant un petit éclat d'os entre le péroné et le tibia, sans les briser ni l'un ni l'autre. Il s'en va plein d'espérance, comptant tout au plus sur quelques mois de boîterie, mais la blessure s'envenima ; une opération devint nécessaire, et le bon et brave capitaine en mourut. Mᵐᵉ Morin le suivit de près dans la tombe.

Un mobile, le sergent Bizet, de la compagnie de Blois-Est et Bracieux, est tué d'une balle à la tête. Un autre mobile, Gougeon, blessé au pied et laissé sur le champ de bataille, est transporté à Patay sur un caisson d'artillerie.

Bientôt l'ennemi rectifia son tir, nous n'étions plus qu'à 700 mètres de Faverolles.

Alors un commandement retentit : « En avant, en avant ! »

« Le 75ᵉ mobiles, s'élançant crânement le fusil sur l'épaule, entoura Faverolles sur trois faces et dans l'ordre suivant : le 1ᵉʳ bataillon sur la droite, le 2ᵉ au centre, et le 3ᵉ à gauche. Deux ou trois compagnies se mirent vivement en tirailleurs et ouvrirent aussitôt le feu (2) ».

On marchait au milieu d'une grêle de balles. Les Bavarois, retranchés derrière des murs, tiraient à coup sûr.

Plusieurs hommes sont atteints. Le bruit de la fusillade

(1) Daridan-Tanvier.
(2) *Le 75ᵉ Mobile*, p. 73-74.

assourdissait ; la longue traînée de flammes, produite par les décharges tant de fois répétées (1), éblouissait comme l'éclair dans la nuit.

L'obscurité venue, ajoute Bulot, on voyait les lueurs pourpres d'un incendie allumé par nos obus et les étincelles de la fusillade courir à travers les buissons.

*
* *

Au 2ᵉ bataillon, c'était la 8ᵉ compagnie qui avait reçu du colonel de Montlaur, l'ordre d'aller renforcer la ligne des tirailleurs de l'infanterie et de se porter le plus près possible de Faverolles.

Ecoutons le baron de Maricourt, son aimable et vaillant capitaine :

« Je fis déboîter ma compagnie de la colonne. « Allons, les gars, c'est maintenant qu'il faut montrer si nous sommes des braves ; Vendôme en avant ! Vive la France ! »

« A ce cri cent fois répété, nous partîmes au pas de course, et arrivâmes d'un seul élan à la ligne de fantassins, que nous dépassâmes d'une cinquantaine de mètres, laissant en chemin deux ou trois des nôtres.

« A notre tour, enfin, de rendre coup pour coup ! Clairon sonnez : *Halte, couchez-vous, commencez le feu !*

« Quand je vis le feu bien établi, je revins à la ligne de fantassins, et n'y trouvant pas d'officiers, je m'adressai à un sergent : « Vous voyez bien qu'il y a des moblots devant vous, vous n'allez pas nous tirer dans le dos ? » Le sergent, un joli garçon à l'air très résolu, me regarda en riant : « Mon capitaine, la ligne ne sera jamais dépassée par des moblots ! » et il porta ses hommes à 50 mètres en avant des miens. C'était ce que je voulais. « Allons, les vieux gars, vous laisserez-vous dépasser par les lignards ? En avant ! » et nous gagnons encore une cin-

____

(1) *Journal d'un Officier du 1ᵉʳ Bataillon.*

quantaine de mètres sur les pantalons rouges. En quelques élans successifs, nous arrivâmes à moins de 100 mètres du village. Les chassepots surchauffés ne fonctionnaient plus ; mais nos excellents remingtons suffisaient à fournir un feu nourri.

« Nos moblots, cependant, et les fantassins réunis, couchés derrière leurs sacs, tiraient avec sang-froid et précision sur les créneaux d'où partaient les coups allemands, à 60 ou 80 mètres tout au plus. Dire que les balles, à cette courte distance, nous arrivaient dru comme grêle ne serait pas exagérer ; c'était un sifflement, un bourdonnement incessant comme celui d'un grand vent dans les sapins.

« Une balle vint se couper sur le tranchant de mon sabre.....

« Debout, si près de l'ennemi, je devais servir de cible, et, me rendant bien compte que je ne pouvais tarder à être atteint, que c'était une question de minutes, de secondes peut-être, je priais les chers morts de ma famille, mon père surtout si tendre et si brave, de venir, s'il était content de moi, me faciliter le dur passage du temps à l'éternité.

« Toutes ces pensées étaient rapides comme les balles dont je sentais le vent, et ne m'empêchaient pas d'observer mes hommes, de les encourager, de modérer leur feu trop rapide, de les admirer surtout, les chers gars, si braves et si pleins d'entrain, sous ce feu terrible. Le lieutenant Gendron, le meilleur tireur de la compagnie, était superbe ce soir-là ; il avait pris un fusil et, debout sur une motte, il ajustait les créneaux comme il eût fait d'innocents pavois.

« Notre feu, cependant, se ralentissait ; les cartouches commençaient à manquer. J'envoyai Gendron au colonel de Montlaur, qui vint lui-même à notre ligne, à cheval. C'était plus que brave, et je ne puis concevoir qu'il n'y ait pas été tué. « Vous n'avez plus de cartouches ? — Non, mon colonel. — Alors, il faut prendre ça à la baïonnette ? »

« Derrière nous, tout le régiment arrivait au pas de course, tous les clairons sonnaient la charge. Il faisait presque nuit.

« Vite ! la baïonnette au canon, et en avant !

« Alors j'entendis pour la première fois cette clameur étrange, sauvage, de l'homme se ruant sur l'homme et dont nul autre bruit de la bataille ne saurait égaler la formidable puissance.

« En quelques instants nous sommes sur les haies des jardins ; les coups de feu des Allemands, qui tirent sans relâche, nous claquent aux oreilles, la fumée nous aveugle.....

« De tous côtés, nous voyons fuir les grandes capotes des Bavarois mais nous empêchons nos hommes de tirer pour ne pas s'entre-tuer.

« Toutes les compagnies sont entrées dans le village, éclairé à jour par l'incendie allumé par nos obus.

« La mienne poursuit, baïonnette dans les reins, un groupe de Bavarois qui s'arrêtent dans un jardin ; trois officiers s'avancent, tenant leurs sabres par la pointe.

« Monsieur », me dit l'un deux, récitant avec un fort accent germanique, une petite phrase évidemment apprise par cœur pour la circonstance, car il ne sait pas un autre mot de français, « Monsieur, nous sommes des officiers qui avons fait notre devoir, et nous demandons à être traités comme tels. » Je prends leurs sabres et leurs revolvers, pendant que mes hommes désarment les soldats (1). »

Daridan-Tanvier, mobile de la 1re compagnie du 2e bataillon, ajoute :

« L'un d'eux s'était réfugié dans une écurie ; nous l'aperçûmes à la lueur de l'incendie qu'une batterie de la 1re division avait allumé. Cette batterie était placée

(1) Baron DE MARICOURT, *Casquettes Blanches et Croix-Rouge*, p. 115-120.

derrière nous, ses obus passaient au-dessus de nos têtes, de telle sorte que nous étions entre deux feux ; les boulets allemands, se croisant avec les nôtres, formaient un va-et-vient comparable à certains effets d'un feu d'artifice.

« En entrant dans cette écurie avec nos camarades de la 1re compagnie du 2e bataillon, nous trouvâmes ce jeune Bavarois qui jeta son fusil à nos pieds en demandant grâce.

« Trente-deux autres, dont un pauvre diable, le crâne découvert, s'étaient enfermés dans un grenier. Après leur avoir enlevé leurs armes et leurs cartouches, on les fouilla et on trouva sur eux du tabac, des pipes, du sucre... L'un d'eux avait une bouteille de bon cassis dont se régalèrent quelques camarades (1). »

Pendant ce temps, le 3e bataillon entrait par la gauche, et le 1er par la droite ; mais, si l'attaque à la baïonnette avait été exécutée une demi-heure plus tôt, nos prises eussent été dix fois plus importantes (2).

« Content de moi, je l'avoue, et enchanté de la conduite de mes hommes qui m'exprimaient par ces mots touchants dont le peuple a le secret, qu'ils étaient aussi satisfaits de leur capitaine, que le capitaine de ses moblots, j'étais tout à l'enthousiasme de notre victoire, en harmonie complète de sentiments avec nos mobiles, qui, coiffés de casques allemands et ivres de joie, dansaient à la lueur de l'incendie, sans souci de leur dignité de vainqueurs.

« Ce fut un beau soir, l'heure la plus brillante de la courte et héroïque histoire de la Mobile de Loir-et-Cher ! (3) »

La voix du canon, le bruit de la fusillade, au son des-

(1) Daridan-Tanvier.
(2) Bulot, *Le 75e Mobile*, p. 75.
(3) Baron de Maricourt, *Casquettes Blanches et Croix-Rouge*, p. 122.

quels se termine la journée, nous semblent la bonne et belle chanson de l'espérance, le murmure déjà proche du *Te Deum* de la grande victoire.

*
* *

Le soir, les vivres n'arrivèrent point. On quêta dans le village ce qu'on put trouver. Tout le monde ne fut pas aussi heureux que les officiers de la 3ᵉ compagnie du 1ᵉʳ bataillon qui tombèrent sur une vaste soupe préparée pendant le combat par les habitants d'une ferme. Ils assuraient bien savoir d'avance qu'ils viendraient la manger.

Dans ces occasions, le soldat, plus heureux que l'officier, porte des vivres avec lui. Il en use aux moments de repos : le soir, il lui reste au moins un morceau de biscuit.

Cependant, dans les jours qui suivirent, officiers et soldats furent souvent confondus dans la même détresse, à cause de l'impossibilité absolue de faire des distributions régulières.

Les effets de l'officier suivent dans des voitures quand les voitures suivent. Dans le cas contraire, il en est réduit à la charité publique, et, avouons-le, un soir de bataille, au milieu d'une armée, c'est une médiocre ressource.

Mais la joie était peinte sur les visages, on couchait sur les positions de l'ennemi, et les ennuis particuliers disparaissaient au milieu du bonheur public.

Le sergent Lebatard s'exprime ainsi : « Nous avons fait trente prisonniers, couché à leur place et mangé leur cuisine. »

Nous trouvons la même impression dans les notes d'Albert Guérin, sous-officier à la même compagnie, constatant avec plaisir les mêmes faits.

La nuit survint, éclairée par les lueurs brillantes de l'incendie allumé par nos obus et que nous nous efforcions d'éteindre. Pendant ce temps, le reste de la brigade marchait à l'assaut du château de Villepion.

Puis après un dîner des plus sommaires, dit Bulot, les moblots envahirent les granges, s'enfouirent sous la paille, et pelotonnés dans leurs couvertures, s'endormirent sur leurs lauriers.

La prise de Faverolles fit grand honneur aux mobiles du 75e. Déjà prisés dans l'armée pour leur belle conduite à Coulmiers, leur crânerie dans la soirée du 1er décembre leur valut les éloges de Jauréguiberry, peu aimable jusque là pour les Casquettes Blanches.

Le rapport de Chanzy disait : « Les honneurs de la journée sont à l'amiral Jauréguiberry », et un décret du gouvernement inséré au *Moniteur* proclamait : « La 1re division du 16e corps d'armée et son chef, le contre-amiral Jauréguiberry, sont mis à l'ordre du jour de l'armée. »

Nous en avions naturellement notre part.

Il écrira plus tard : « Un autre bataillon du 39e de marche et le 75e mobiles (Loir-et-Cher et Maine-et-Loire) se précipitaient sur Faverolles à la baïonnette, y faisaient des prisonniers et s'y installaient..... »

C'est une erreur pour le 39e, qui, au moment de l'entrée à Faverolles, fut dirigé sur Villepion.

Ce brillant succès, annoncé à la France par un bulletin de victoire, y produisit une joie immense.

Il est vrai que le gouvernement, mal renseigné, annonçait en même temps une victoire du général Ducrot sous Paris.

Dans sa dépêche au ministre, datée du 1er décembre au soir et rendant compte du résultat de la journée, le général Chanzy annonçait déjà que l'ennemi s'était « retiré dans la direction de Loigny et du château de Cambrai ».

« La manœuvre de retraite des Prussiens consistait à in-

---

(1) *La Deuxième Armée de la Loire*, p. 70.

troduire le gros des forces dans l'espace laissé libre entre le 16ᵉ corps et le 15ᵉ, de manière à séparer de plus en plus le général Chanzy du général d'Aurelle (1) ».

Les prévisions de nos généraux ne se réalisaient que trop.

*
* *

Cependant si le succès avait couronné nos efforts, il avait été chèrement acheté. Il fallait se hâter de recueillir les blessés restés encore sur le champ de bataille.

« Nous n'étions point assez nombreux, dit l'abbé Morancé, aumônier des mobiles de la Sarthe, et le service des blessés est à organiser tout entier.

« La Patrie doit avoir soin du corps et de l'âme de ses enfants en péril de mort. Mes dignes collègues, là où ils se trouvaient, ne se sont pas épargnés, ont bravé la mort, rempli leur mission dans la mesure du possible; malgré cela, un grand nombre de malheureux ont expiré sans secours.

« On essaye de sauver un homme, on soulage un mourant, cela demande du temps. Une heure est bien vite passée. Et combien, dans une heure, le plomb ne fait-il pas de victimes sur un champ de bataille d'une aussi grande étendue !

« Ceux qui n'étaient pas transportables demeurèrent exposés sans premier pansement, pendant un temps très considérable, à toutes les rigueurs d'un froid glacial. Plusieurs, couchés à terre, la tête appuyée sur leur sac, ont ainsi attendu la fin de leurs souffrances avec plus de désir que de crainte !

« J'avais beau m'armer de toutes mes forces, faire appel à tout ce que mon cœur renfermait de courage, je n'ai jamais pu me faire à ce spectacle, à cette douleur (3). »

(1) CHANZY, *La Deuxième Armée de la Loire*, p. 488.
(2) DE FREYCINET, *La Guerre en Province*, p. 145.
(3) *Un Régiment de l'Armée de la Loire* (Mobiles de la Sarthe, p. 176).

Ce jour-là, pourtant, tout allait assez bien. Une escouade d'infirmiers et d'hommes de bonne volonté relèvent d'abord et placent ensuite sur un lit de paille les hommes atteints dans Faverolles ou si près qu'on a pu les transporter jusque-là.

L'aumônier du 2ᵉ bataillon s'attarde près d'Alexandre Leroux, de Morée, qui vient de recevoir, à quatre pas, une balle dans le dos et a été laissé seul sur la paille dans une écurie. Avec l'aide de deux camarades il est transporté sur un cacolet. Le malheureux mourut de sa blessure.

L'Allemand qui avait mis le mobile de Morée dans cet état, le paya cher. Guéranger, de Danzé, se précipite sur lui, l'atteint à l'épaule d'un coup de baïonnette qui lui fait une horrible blessure. En y ajoutant un coup de fusil à bout portant, Guéranger brûla les lèvres de la plaie avec la poudre. C'était un pansement expéditif et qui dut assurer la guérison du Teuton resté dans nos ambulances.

Avec ces retards, il fut impossible à l'aumônier de retrouver le peloton qui l'accompagnait à la recherche des blessés. Il errait isolé sur le champ de bataille par un froid dur et sec sans trouver âme qui vive. Une petite lanterne sourde à la main, il s'approchait des hommes restés sur le terrain ; tous avaient les membres raidis, pas un seul ne répondit à son appel.

Il avise un feu de bivouac et va s'en rapprocher. Au bruit des pas, un « Wer da ! (Qui vive !) » est lancé dans l'air. Il comprit qu'il faisait fausse route, s'esquiva silencieusement et gagna une ferme entre Lignerolles et Patay, où il fut reconnu par les sentinelles et accueilli de grand cœur. Il était minuit passé.

Dans l'aire de la grange, gisaient deux rangs de blessés sanglants et gémissants. Ils boivent déjà la tisane et le bouillon que des mains compatissantes leur ont préparés ; car la soif est la torture du blessé. Puis, malgré les plus grandes précautions et les bourrelets de paille qui ferment toutes les issues, le froid pénètre dans cette aire, passage du vent et des courants d'air, transformée subitement en ambulance.

Ces braves gens sont fiers de la bataille gagnée, achetée au prix de leur sang, mais ils souffrent beaucoup du froid. Ils espèrent, dès le jour, être évacués sur Patay ; on les panse provisoirement.

En face de ces douleurs que la langue humaine ne peut exprimer, nous transcrivons la pensée suivante cueillie dans les notes d'un camarade : « Les épreuves qu'on offre à Dieu laissent dans le cœur une trace bénie, et il y a beaucoup de charme à s'en souvenir ».

*
* *

La prise de Faverolles à la baïonnette, par un régiment sous les ordres du contre-amiral Jauréguiberry, fut immédiatement racontée à toute la France.

Embelli et transformé par l'imagination fertile du journaliste, ce fait d'armes fut enlevé aux mobiles pour être attribué à un être imaginaire, aux marins de Jauréguiberry.

Au lieu de baïonnettes, Alfred d'Aunay, dans le *Figaro*, met dans les mains des vainqueurs de Faverolles, des haches d'abordage. Son récit, très vibrant, fut reproduit par d'autres journaux et passa ensuite dans les livres.

Quelle erreur ; il n'y avait, au 16ᵉ corps, que deux marins, l'amiral Jauréguiberry et un de ses officiers d'ordonnance.

Nos mobiles, avec leurs *casquettes blanches*, qui étaient pourtant de vrais képis, mais en toile blanche, ont été souvent pris pour des marins. C'est peut-être le fait de quelque reporter, voyant ces casquettes.

Sonis les aperçut au moment de sa charge héroïque sur Loigny et parla avec honneur, à l'enquête parlementaire de 1872, des marins de Jauréguiberry (1).

(1) Mgr BAUNARD, *Le général de Sonis*, p. 370.

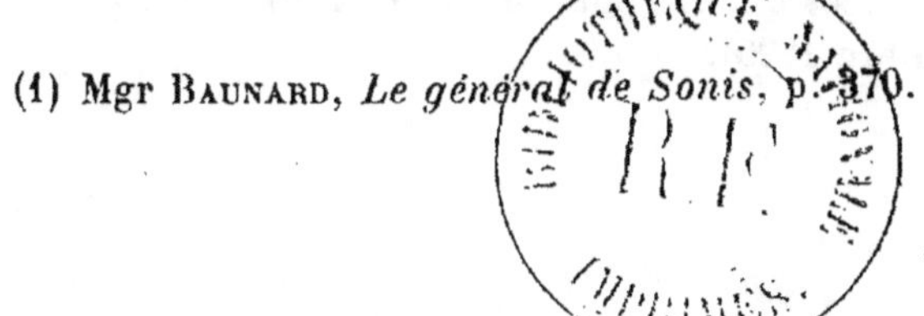

Les marins, ce sont les mobiles du 75e.

Le baron de Maricourt, appelé mieux que tout autre à défendre son œuvre et celle des mobiles qui lui ont voué un inaltérable attachement, pour sa bravoure, sa bienveillance et ses écrits chevaleresques, se plaignait, en 1890, de l'oubli dans lequel les historiens de la guerre laissaient le 75e mobiles (1).

« Dès 1871, écrit-il, les généraux d'Aurelle de Paladines et Chanzy rendent hommage, en passant, à l'héroïsme du 75e mobiles. Depuis lors, on n'en parle plus du tout, il a disparu. »

C'était vrai, mais il nous semble que depuis, soit grâce à son cri d'alarme, soit par une étude plus approfondie des faits de la guerre, la vérité a été moins négligée.

Dans les citations d'auteurs récents que nous reproduisons au cours de notre récit, le 75e mobiles fait bonne figure.

On lit dans l'*Histoire générale de la Guerre Franco-Allemande* par le commandant Rousset : « Le 75e mobiles (Loir-et-Cher et Maine-et-Loire), secondé par un bataillon du 39e de marche, se précipitait à la baïonnette sur Faverolles et y faisait 33 prisonniers (2). »

C'est le 75e qui a enlevé Faverolles, qui a concouru, le 2 décembre, avec le 39e de marche, à la défense du village et du cimetière de Loigny ; c'est lui qui, le même jour, a prolongé la lutte, avec les mobiles de la Sarthe, autour du château de Villepion.

Tout cela, jusqu'à ce jour, avait été attribué aux marins.

Puisqu'en réalité, c'est le 75e mobiles qui a fait ce qu'on attribue aux marins imaginaires de Jauréguiberry, on peut en conclure, avec le baron de Maricourt, que la Mobile de Loir-et-Cher a eu, vingt ans durant, l'honneur d'être

(1) Nous résumons ici sa lettre publiée par le *Loir* et l'*Avenir de Loir-et-Cher* (décembre 1890).
(2) T. IV, p. 177.

confondue avec l'élément le plus incontestablement vaillant et hardi de la France armée.

Si honorable que soit cette confusion, il est bon qu'elle prenne fin et que le 75e mobiles retrouve, dans l'histoire impartiale, la place conquise les armes à la main.

Jeanne d'Arc à Reims, au sacre de son souverain, portait l'étendard qui avait si souvent conduit les troupes à la victoire ; elle disait de ce témoin de ses luttes et de la défaite de l'ennemi : « Il fut à la peine, il est juste qu'il soit à l'honneur ! »

Mobiles du 75e ! à vous aussi d'être à l'honneur, puisque vous avez été à la peine, car Faverolles est le plus beau joyau de la couronne que vous vous êtes tressée vous-mêmes au prix de votre sang !

LOIGNY

 E jour commença, le lendemain matin, au bruit de la fusillade : jour de lugubre mémoire, jour de larmes et de sang. Loigny, village perdu et isolé, sans nom jusqu'ici dans l'histoire, tu seras célèbre dans les siècles futurs ! Tu fus le tombeau des braves, mais non de la bravoure française.

Les mobiles allaient tranquillement à la distribution, faite largement ce jour-là, au château de Villepion, quand le général de brigade arrive et dit à l'officier de corvée de la 3e du 1er : « Entendez-vous la fusillade, c'est là-bas qu'on fait la distribution ».

Dans la plupart des compagnies, le repas était à peine commencé, la viande n'était pas cuite.

Les marmites sont renversées ; hommes et officiers mangent à la hâte un peu de biscuit et de pain, non sans faire d'amères réflexions. Après le combat de la veille, ils comptaient sur un repos plus prolongé, certes bien mérité. Chanzy l'avait compris lorsqu'il donnait au 75e le rôle passif de soutien de la 2e division du 16e corps, à une distance de 2 kilomètres.

Mais le hasard de la bataille en décidait autrement. Pendant la nuit, le grand-duc de Mecklembourg, avait concentré, en face du 16e corps, son armée entière et une grande partie des Bavarois de von der Tann. Ces forces comprenaient 50 à 60,000 hommes de troupes aguerries. Au fort de la bataille, elles seront augmentées par des secours considérables envoyés deux fois par Frédéric-Charles.

Le 16e corps, qui supportera tout l'effort de la bataille, ne sera secouru que par une brigade du 17e n'arrivant à Patay que dans la journée. Ce corps avait été appelé depuis quelques jours dans la forêt de Marchenoir, pour couvrir Tours que M. de Freycinet croyait menacé. Autrement il se fût trouvé sur le champ de bataille et eût probablement changé l'issue du combat.

*
* *

Nous marchons gaiement, électrisés par le succès de la veille, remplis d'enthousiasme et de foi dans l'avenir. Nous gagnons une hauteur d'où l'on découvrait aisément le champ du combat. Une magnifique plaine se déroulait devant nous : tout à l'horizon, et en face de Faverolles, dans la direction de Bazoches-les-Hautes, au sommet d'une colline, le château de Goury, avec son parc planté de grands arbres et entouré de murs. A gauche, en avant du château, le village de Loigny.

Le terrain est absolument nu et découvert. Des fermes isolées, des châteaux et quelques villages coupent la monotonie de ce champ de bataille où les différentes armes évoluent sans obstacles.

Le sol, durci par le froid, permet, à travers champs, une marche rapide et assurée. Les routes et les chemins forment de longues lignes blanches qui serpentent et scintillent. Dans les airs planent des nuées innombrables de corbeaux ; leurs croassements sinistres ne sont-ils pas l'annonce des festins que le combat leur prépare ?

Bien encadrés, se tenant les coudes, se connaissant les uns les autres, les moblots marchent sans défaillance et prennent contact avec l'ennemi, dès neuf heures et demie du matin.

A ce moment, un spectacle, jusqu'alors inconnu dans

l'armée de la Loire, vient douloureusement impressionner le 75ᵉ qui va en bon ordre au feu.

Il se trouve tout à coup en face d'une cohue de fuyards ; impossible de les arrêter. Menaces et prières, rien n'y fit, le torrent démoralisateur continua sa course affolée. Notre cœur tressaillit douloureusement, mais le courage des mobiles ne fut point affaibli.

Avant 8 heures, le général Barry, à la tête de la 2ᵉ division du 16ᵉ corps, avait enlevé Loigny. Enhardi par ce premier succès, il dirigea sur le château de Goury une attaque insuffisamment préparée par l'artillerie. A 10 h., ses troupes découragées se retiraient en désordre sur Loigny.

Pendant presque toute la journée, ce village fut l'objectif des deux armées et le centre de la bataille. C'est donc à tort qu'on a donné trop souvent le nom de Patay à la journée du 2 décembre. Patay est à plus de 10 kilomètres en arrière.

Le 75ᵉ approchait du champ de bataille, les 2 premiers bataillons à droite de la route de Faverolles à Loigny et le 3ᵉ à gauche.

Le canon tonne avec fracas et le bruit se rapproche.

Le général Bourdillon reçoit l'ordre de se porter en avant, afin que la division Barry, entièrement rompue, se rallie derrière notre brigade (1).

A une nuit sèche et froide, avait succédé, le matin, un soleil splendide qui, malgré le vent glacial, nous réchauffait un peu.

Hélas ! ce ne sera pas le soleil d'Austerlitz.

*\
* *

(1) *Les Mobiles de Maine-et-Loire, 29ᵉ Mobiles et 3ᵉ Bataillon du 75ᵉ Mobiles. Historique* par le lieutenant-colonel DUMAS, commandant le 71ᵉ territorial. Nous joignons le récit de ce bel ouvrage, concernant les mobiles de Maine-et-Loire, à ceux des camarades de Loir-et-Cher.

Continuant sa marche, le 75ᵉ atteint Loigny au moment où les Bavarois, poussant la division Barry, s'apprêtent à s'en emparer de nouveau.

Le 3ᵉ bataillon contourne Loigny et entre dans le village par toutes les issues, le 2ᵉ l'appuie par la droite.

Devant cet élan irrésistible, l'ennemi recule emmenant avec lui son artillerie.

D'Aurelle de Paladines résume ainsi le mouvement :

« L'amiral Jauréguiberry, voyant la division Barry reculer en désordre, se porte rapidement en avant, oppose à l'ennemi la brigade Bourdillon composée du 3ᵉ bataillon de chasseurs à pied, du 39ᵉ de marche et du 75ᵉ de mobiles, qui la veille par leur vaillante conduite, avaient fait l'admiration de l'armée. Ces braves troupes se précipitent sur l'ennemi avec un élan auquel rien ne résiste, et se maintiennent sous un feu terrible de mitraille et sous une grêle d'obus qui déciment leurs rangs » (1).

« Le 75ᵉ mobiles, dit Chanzy, se déploya à droite du village de Loigny, et se porta sur le château de Goury, qu'il ne put enlever. Néanmoins, cet effort maintint le combat sur les points ou il était engagé » (2).

Nous étions appuyés par l'artillerie de la brigade, bien servie, mais composée de pièces anciennes de faible calibre et de courte portée.

Les canons prussiens rugissent sur la terre gelée ; presque tous les obus éclatent, éparpillant leurs fragments meurtriers dans un cercle sanglant. Nous avançons quand même, en peu d'instants nous sommes au centre même de l'action ; c'est le moment où un frisson involontaire, instinctif, s'empare du soldat, et le secoue de la tête aux pieds ; les plus braves subissent cette influence. Mais l'impression passe vite ; le vrai combattant retrouve son sang-froid et se tient au feu comme dans son élément.

<hr>

(1) *La 1ʳᵉ Armée de la Loire*, p. 307.
(2) *La 2ᵉ Armée de la Loire*, p. 78.

Nous franchissons la zone des obus qui s'acharnent sur l'artillerie placée derrière nous. La pluie de feu dépasse le régiment et forme une voûte de fer au-dessus de nos têtes.

Les chassepots et les remingtons produisent des effets énormes dans les masses ennemies et compensent l'infériorité de notre artillerie.

« Les Bavarois firent de fortes pertes, des centaines tombèrent sur le sol et chaque minute qui s'écoulait, augmentait le péril de voir leur brigade anéantie ou prisonnière » (1).

C'est alors que des renforts considérables, envoyés par von der Tann, s'approchèrent du parc au pas de course, pour arrêter la brigade Bourdillon.

Les Bavarois, engagés les premiers et malmenés par nos troupes, se reforment en arrière.

Les batteries ennemies semblent sortir de terre ; le feu devient d'une violence extrême. Notre offensive est arrêtée, pourtant nos soldats tiennent bon.

Il est onze heures et demie.

Nos fantassins couvrent l'ennemi de leurs feux précipités. Les Allemands, canardés à petite distance, éprouvent des pertes énormes ; alors leur général lance la 3e et la 4e brigades, au secours des deux premières engagées.

« Sans ce secours opportun, dit la *Gazette de Silésie*, la première division était perdue. »

Mettons en regard le récit de Bulot concernant le 2e bataillon de Loir-et-Cher et celui de Maine-et-Loire :

« Au bout d'un quart d'heure, les Prussiens plient et se précipitent en désordre vers les murs ; mais la brèche est étroite, l'avalanche humaine s'y engouffre et forme une masse compacte que les chassepots français criblent de balles : « Devant cette brèche, me disait depuis un prisonnier, il y avait une pyramide de cadavres ».

(1) DE FREYCINET, *La Guerre en Province*. Citation de la *Gazette de Silésie* du 25 décembre 1870.

« A la vue des Prussiens en fuite, les mobiles perdent toute mesure ; ils s'élancent à leur tour sur le château ; deux cents mètres les séparent au plus des murs.

« Mais l'ennemi a compris qu'il faut tenter un effort décisif : son feu redouble d'intensité et devient cruel pour les assaillants que ne protège plus rien. »

« Nous étions en face des batteries prussiennes, dit le mobile Bardet, les trois bataillons rangés sur une même ligne. Le contre-amiral Jauréguiberry disait à tous moments à nos chefs : « En avant ! en avant ! » Et cependant le colonel de Montlaur, les commandants Clauzel et de Terras s'avançaient si près de l'ennemi que nous nous dépêchions pour les rattraper, afin qu'ils ne servent pas de but aux Prussiens, et nous nous disions entre nous « Allons vite, car bien sûr, il vont être tués..... »

« Ce que nous craignions n'est pas arrivé, mais notre colonel et nos braves commandants ont été blessés tous les trois » (1).

Pourquoi l'artillerie ne soutenait-elle pas notre attaque ? C'est que, entraînée elle-même, l'artillerie s'est avancée en dehors de la limite de la protection de sa troupe, et que, surprise par la cavalerie ennemie pendant son évolution, elle a été enlevée.

*
* *

« Vers midi, dit Hahusseau, la plaine entre Goury et Loigny est tout entière garnie de troupes ennemies. On ne voit plus ni terre ni neige ; trois corps d'armee sont devant nous, se succédant, se reformant tour à tour l'un derrière l'autre. Le temps est clair, le soleil darde ses feux sur les armes et les casques qui flamboient. La plaine semble cuirassée. »

Tel Olivier, l'ami de Roland, aperçoit à Roncevaux (2) :

(1) *Le Loir*, nᵒ du 11 décembre 1870.
(2) Nous empruntons ces strophes et celles qui suivent, jusqu'à la

« Les ennemis qui sont en si grand nombre.....
Casques, hauberts jettent grande lueur.
Il voit briller les casques d'or gemmés.....
Mais il ne peut compter les bataillons,
Tant y en a, qu'il n'en sait pas le nombre.
En sont couverts et les monts et les vaux,
Et les coteaux et les plaines entières.
Grande est l'armée à la gent étrangère ;
Nous n'y avons qu'une petite troupe,
Et merveilleuse, immense est la bataille :
Tant d'hommes morts, ou blessés ou sanglants,
L'un gît sur l'autre, ou de face ou de dos,
Et l'on voyait errants tant beaux chevaux
Traînant leur rêne amont de leur poitrail,

. . . .

Bon gré, mal gré, l'ennemi déguerpit
L'épée aux reins, chassé de vive force.
Et la bataille est formidable et rude,
Durs sont les coups, cruel est le combat. »

« Les braves soldats de la brigade Bourdillon, pêle-mêle avec les débris de la division Barry, tenaient toujours en échec les Bavarois, qui ne réussissaient qu'avec peine à contenir leur « impétueux élan » (1).

Presque arrivés au parc de Goury, ils cherchent des yeux les portes ou les brèches, par lesquelles on a vu les Bavarois rentrer dans le parc. On se trouve en face de fossés profonds ayant en arrière des murs crénelés, c'est-à-dire, d'une position habilement fortifiée, d'où part un feu épouvantable.

Cette fois nous sommes tournés.

A gauche une nombreuse artillerie, que nous croyons

fin du chapitre, à la grande épopée française du moyen âge, *La Chanson de Roland*. Roland à Roncevaux, c'est le récit d'une défaite de la France, mais glorieusement vengée.

La défaite ! nous allons la raconter, mais nous saurons la réparer quelque jour par une noble et belle victoire.

(1) *La Guerre Franco-Allemande*, ouvrage du grand état-major allemand, 2e partie, p. 481.

nôtre, prend position à une petite distance ; elle nous canonne au moment où nous comptons sur son appui ; à droite une colonne d'infanterie et de cavalerie cause la même surprise.

« Les obus, dit le baron de Maricourt, nous arrivaient si serrés que le sol, semblable à la croûte d'un volcan, tremblait et détonnait sous nos pas ; la terre, les pierres, les éclats de métal, tout volait, tout passait en hurlant, comme emporté par un fantastique ouragan ».

> Bataille avez comme il n'en fut jamais.
> Tenez, Français, Dieu vous donne courage.
> Tenez, Français, que ne soyez vaincus.

Alors sonne la retraite. Écrasés par des forces supérieures, décimés et brisés de fatigue, nos soldats, que cette attaque de flanc a déconcertés, rétrogradent lentement sur Loigny. En vain, ils essaient de se reformer dans des gravières à l'Est du village, et de tenter un retour offensif ; il faut reculer et chercher un abri.

> Durs sont les coups, cruel est le combat.
> Tant de Français y perdent leur jeunesse.
> Plus ne verront leur mère et douce France,
> Mais se vendront bien cher avant qu'ils meurent.

« Malgré tout, les efforts héroïques du 3e bataillon de chasseurs, du 39e de marche et du 75e mobiles échouaient définitivement contre les murs crénelés du parc de Goury : ces braves troupes, ne pouvant emporter la position, reculèrent en combattant jusqu'à Loigny, où elles s'établirent (1). »

Les Bavarois, tenus en échec depuis 10 heures et qui n'ont pu résister que par l'arrivée successive de renforts considérables, quittent leur retraite de Goury et s'avancent, formidablement appuyés par leur artillerie. Toute la plaine

____

(1) CHANZY, *La 2e Armée de la Loire*, p. 81.

et le village retentissent de leur cri de combat et de victoire : « Hourra ! Hourra ! ».

En ce moment, l'artillerie française soutient notre mouvement, jusqu'à ce que la riposte de l'artillerie allemande, admirablement dirigée, démonte les pièces de canon et détruise les chariots de munitions.

Rien que nos chassepots et remingtons pour répondre à l'armée prussienne.

Un feu violent et meurtrier n'arrête pas l'ennemi qui nous canonne sans pitié. Ses batteries avancent et ses masses se succèdent sans relâche.

Les Français s'appuyent sur Loigny. Le village est fortifié à la hâte ; des barricades, des créneaux, des fossés en défendent l'entrée. Il ne s'agit plus d'attaquer, mais de se défendre.

Un combat désespéré s'engage tout autour de Loigny, bientôt, dans les rues et dans les maisons ; ce sera la lutte pour l'honneur !

Des mitrailleuses placées en avant du petit bois, que les volontaires de l'Ouest illustreront tout à l'heure, barrent encore la route aux Prussiens, mais ils obliquent à droite et nos soldats sans défense, reçoivent tous les feux de l'ennemi. L'attaque est impétueuse, la résistance admirable. Furieux de l'échec du matin, l'ennemi veut prendre sa revanche sur nos troupes mal secondées.

Retirés vers Loigny, en combattant, nos deux bataillons se reconstituent à l'abri du village ou dans son enceinte. On respire un peu. Les officiers et les sous-officiers qui se trouvent à Loigny prennent les hommes affolés un à un et reforment des noyaux autour desquels on finit par se grouper.

Mais le répit ne dure pas longtemps. L'ennemi poursuit son succès ; malgré le soir qui arrive, il attaque le village ; le combat redevient furieux, sans pitié, sans merci.

Un bel officier à cheval commande les assaillants et les excite de la parole et de l'exemple.

Plus que tout autre au soleil, il reluit,
Il éperonne, il a lâché la rêne,
Il sort des rangs, il s'expose en avant,
Il était beau, fort et de vaillant courage.
Son casque est noble et sa poitrine large.
Ses yeux sont clairs et son visage fier.

Nos remingtons tirent à bonne portée, peut-être à moins de cent mètres. L'officier tombe, tous les hommes qui l'entourent sont tués ou blessés.

Homme et cheval sont occis sans remède.
Frappez, Français, et que nul ne s'oublie ;
Ce premier coup est nôtre, Dieu merci.

C'est en vain : pour un Prussien mort, il en arrive dix. Les vides se comblent et les mobiles sont acculés à Loigny.

« La division Jauréguiberry, accablée par le nombre et par le feu de nouvelles batteries qui ne cessaient d'arriver, dut céder et se retirer en bon ordre. La résistance héroïque opposée par le 3e bataillon de chasseurs à pied, le 39e de marche et le 75e de mobiles, lui permit de conserver sa position à Loigny ».

« A ce moment, le 16e corps faisait son dernier effort : infanterie, cavalerie, artillerie, tout avait été successivement engagé. Il n'y avait plus aucune réserve, et l'armée prussienne redoublait d'efforts pour envelopper nos dernières lignes, qui résistaient encore avec le courage du désespoir » (1).

Nous resterons fermes en cette place,
A nous ici de battre et de combattre.
Les Francs de France ont leurs armes perdues.
Mais sont encor trois cents bonnes épées
Et gentils gens, tant preux et tant loyals.

*
* *

(1) D'AURELLE, *La 1re Armée de la Loire*, p. 310.

Avant d'aller plus loin, recueillons-nous un instant et jetons un coup d'œil sur chacun de nos bataillons.

Selon son ordre de bataille, le 1er bataillon s'était porté à droite « suivi de cette lave de bronze et de plomb que vomit sur lui le château de Goury.

« Il parcourt ainsi plusieurs centaines de mètres, laissant un sillon sanglant, puis, arrivé devant une ferme, il se redresse en bataille ; il va donner l'assaut à cette colline maudite, lorsqu'à droite, à une portée de remington, une haie brune, mouvante, s'étend, s'allonge et lui mûre l'horizon.

« Les officiers prennent leurs lorgnettes, on aperçoit des chevaux, des canons. Quelle est cette troupe ?

« Des Français ! Ce sont des Français ! (1) »

Erreur ! Ils prennent position et nous criblent de mitraille. Ce sont des Prussiens, et nous sommes broyés, écrasés, décontenancés par des milliers d'obus.

Le capitaine Malzy fait coucher ses hommes à plat ventre. Pour lui, cible vivante, il reste debout, dédaignant la mort, et se promène sur le front de bataille. Le feu ennemi continuant à décimer ses mobiles, il les fait reculer jusqu'à une ferme distante de quelques centaines de mètres.

La 1re et la 8e compagnie tiraillaient en avant à l'extrême droite.

Par derrière, la batterie destinée à nous aider nous refuse son concours.

Le capitaine ignorait la ligne de bataille et ne reconnaissait pas pour des ennemis la multitude de points noirs qui couvrait la hauteur de Goury.

« Nous courions et gravissions la colline. J'entendis des cris, je me retourne : notre commandant tombe de cheval, frappé par des éclats d'obus qui renversent 7 ou 8 hommes dans la 4e compagnie.

(1) *Le 75e Mobile*, p. 81.

« Nous montions toujours, dit le *Journal d'un Officier du 1er Bataillon*. Les balles tombaient comme une pluie ; les obus sifflaient de deux côtés à la fois : les batteries allemandes nous prenaient de face et de flanc. Je n'entendais rien et je ne voyais rien que l'ennemi qui se dessinait clairement et n'était plus qu'à quelques centaines de mètres. Notre capitaine était resté en arrière pour relever le commandant. Nous étions donc tout seuls, en avant, mon lieutenant et moi. Je m'aperçois bientôt que personne ne nous suivait et qu'on laissait ma compagnie sans soutien.

« Le désordre le plus affreux avait suivi la chute du commandant ; personne ne prenait le commandement, une pluie de projectiles s'abattait sur nous, en rase plaine, sans le moindre abri.

« Les tirailleurs avançaient toujours ; le lieutenant et moi les fîmes arrêter et on les ramena en arrière jusqu'à la route de Lumeau. Les blessés criaient au secours.

« Nous trouvons le capitaine Malzy essayant de reformer sa compagnie et de reconstituer le bataillon. Nos hommes font une petite halte derrière les murs d'une ferme où les obus tombent immédiatement. Tous les blessés qui s'y trouvaient sont évacués sous peine d'être brûlés vifs, car les bâtiments étaient en feu (1). »

Le commandant Clauzel avait été blessé au moment où il étendait la main vers l'artillerie prussienne pour donner un ordre.

Un obus frappe son cheval à la poitrine. Le pauvre animal tombe, entraînant son cavalier dans sa chute. Le commandant se redresse et va retomber quelques pas plus loin. Les éclats d'obus l'avaient atteint aux deux jambes.

Presque au même instant, le lieutenant de l'Ombre est atteint au genou et un obus couvre d'une masse de terre le lieutenant Communal aussi blessé.

____

(1) *Journal d'un Officier du 1er Bataillon.*

Un peu plus tard, Albert Guérin et Dauge aperçoivent le commandant dans la ferme, étendu sur un peu de paille. Ils le prennent avec précaution, chacun sous un bras et l'aident à marcher. C'est avec beaucoup de peine qu'ils parcourent environ 500 mètres jusqu'à un cacolet attelé que le mobile Marcadet conduit à Faverolles. Là, on procure au commandant un cabriolet qui lui permet de gagner Orléans et Blois, assez tôt pour ne pas tomber entre les mains des Prussiens.

Lorsque le commandant Clauzel fut frappé, le mobile Maignen, surnommé « Vert-de-gris », très aimé de ses camarades à cause de son caractère enjoué, fut coupé en deux par un obus. Ses chairs s'éparpillent en miettes de tous côtés ; il semble que l'obus a dévoré et réduit en poussière ce pauvre garçon. Alfred Grain subit le même sort.

Le sergent Lebatard, encore caporal, était placé à son rang de taille dans la 2e escouade du côté gauche. Huit à dix hommes terminaient la ligne au-delà. Un obus éclate et les enlève tous d'un seul coup.

Déployée en tirailleurs, la 1re compagnie du 1er bataillon tire couchée, cachée derrière ses sacs. En face d'ennemis proches et nombreux, la consommation des cartouches est énorme, et la compagnie revient les cartouchières vides, canardée par derrière et ne pouvant répondre.

Lebatard présente son bidon plein au capitaine Robert de Beaucorps et au camarade Biélu, qui demandent une goutte.

Puis ils ramassent un blessé et le mettent à l'abri dans un fossé. Un obus vint les troubler dans leur acte d'humanité en pénétrant dans le talus, et soulevant plus d'un mètre cube de terre autour d'eux.

Tout à coup, on entend un grand bruit. C'est un détachement de cavalerie prussienne qui se précipite bride abattue.

Comme le bataillon était dispersé plus ou moins en désordre, le capitaine Malzy ordonne de former le carré autour de sa personne, remonte et enflamme les courages hésitants. Une quarantaine de mobiles et des soldats de toutes troupes entourent le capitaine, et une décharge bien dirigée éloigne avec perte les cavaliers qui les menacent.

Le capitaine Malzy, dit un autre mobile, guerroyait parmi la mitraille avec tous les hommes qu'il pouvait requérir et rassembler, sans s'occuper ni de l'arme ni du régiment.

Il fut le héros de la journée au 1er bataillon.

Nous avons dit que le bataillon avait cherché un abri dans les bâtiments d'une ferme. Cette protection était bien précaire. Les obus ennemis avaient incendié, en quelques instants, toutes les constructions, d'où l'on retire à la hâte, les blessés pour les diriger sur Villepion et Patay. Beaucoup moururent sur place, les uns geles sur la terre glacée, les autres brûlés dans les granges. Les Bavarois s'acharnèrent de telle sorte sur ce point que, selon l'expression du camarade Atry, tout mobile qui se montrait était réduit en bouillie par la pluie de fer qui écrasait la ferme et ses alentours.

Malgré notre résistance désespérée, il faut partir et battre en retraite sur Villepion.

Un mobile, dit Bulot, reste dans la ferme, attend les uhlans, en tue deux et parvient ensuite à rejoindre sain et sauf le bataillon.

Un autre est surpris et enveloppé par des cavaliers. Il en tue un et tient les autres en respect jusqu'à ce qu'il ait gagné une ferme où il se cache sous un cuvier renversé; puis il en sort et regagne Villepion sans avoir perdu ni sac ni fusil.

La débâcle s'effectuait autour de nous. Partout des fuyards, des désespérés, des lâches aussi.

On a vu souvent des soldats, qui ont combattu héroïquement tout un jour, se débander à la vue d'ennemis frais succédant aux ennemis combattus. C'est le spectacle que donne le champ de bataille de Loigny dans la soirée, et cette hâte du soldat à profiter des dernières minutes pour s'assurer une retraite personnelle, c'est le glas funèbre d'une armée.

Peu de corps obéissaient à leurs chefs et c'était pitié de voir ces régiments, si vigoureux le matin, se disséminer sous la pluie meurtrière des obus prussiens.

En une journée, tout était entamé : bon ordre, élan, discipline, cohésion, confiance !

On battit en retraite sous les ordres du capitaine Malzy, qui rassembla les 6 ou 700 hommes qui restaient du 1er bataillon.

Les mobiles, réorganisés, s'en vont sur la droite pour soutenir l'artillerie, puis reviennent avec elle jusqu'à Villepion et participent à sa défense jusque dans la soirée. Ce point d'appui fut le salut de plusieurs régiments plus ou moins démoralisés qui se réfugiaient dans ses murs.

L'ennemi s'en approcha à différentes reprises, mais ne put s'en emparer. Villepion ne fut évacué que fort tard, pendant la nuit.

Bulot ajoute : « En suivant des yeux le 1er bataillon pendant cette journée néfaste, vous avez, lecteur, trouvé cela horrible !

« Ce n'est rien ».

*
* *

Au 2e bataillon et au 3e, dans ces quelques heures de combat, des faits héroïques s'étaient aussi passés. En voici quelques-uns :

Le colonel avait conduit bravement son régiment au feu sachant que sa résistance assurait le salut de l'armée.

Dès 10 heures, le général Barry lui disait : « Notre situation devient critique, il faut tenter un mouvement énergique sur le château de Goury et s'emparer, à tout prix, de ses murs crénelés, pour en déloger l'ennemi.... »

Quelques instants plus tard, le général Bourdillon tenait avec le colonel la conversation suivante que rapporte le capitaine de Maricourt :

— « La journée paraît bien compromise, pourrez-vous tenir au moins une heure ? Le 17ᵉ corps doit approcher.

— « Je ne crois pas que de pied ferme, nous puissions tenir un quart-d'heure, mais en avançant, nous tiendrons plus d'une heure.

— « Alors, marchez sur Goury. »

A cheval, à la tête de son régiment, le colonel du 75ᵉ commande cette marche de trois kilomètres qui se termine aux pieds des murs du parc de Goury.

On ne sonna la retraite qu'à midi et demi, lorsque la moitié des officiers et des hommes du 2ᵉ bataillon gisaient sur le champ de bataille et que le 3ᵉ était bien éprouvé lui-même. Nous avons raconté la marche à droite du 1ᵉʳ.

C'est à ce moment que tomba le lieutenant Henri de Meckenheim, blessé au bras. Il ne conservera ce membre que grâce à l'extrême habileté du médecin prussien qui le soignera à Orléans.

Le colonel fut blessé, au retour, d'une balle qui lui fracassa le pied en le traversant de bout en bout. Cependant, il put arriver à Loigny sur son cheval.

Il fut couché dans une des chambres du presbytère où, le lendemain, le général de Sonis devait aussi être transporté. Anciens camarades de Saumur, le général de Sonis et le colonel de Montlaur devaient souffrir ensemble dans la même ambulance (1).

---

(1) M. le Baron DE MARICOURT, dans *Casquettes Blanches et Croix-Rouge*, a publié les souvenirs de cette ambulance et de celle de Janville, où le colonel fut transporté ensuite avec plusieurs officiers et mobiles du 75ᵉ. Ce récit est ce que nous connaissons de plus vrai et de plus poignant sur les jours douloureux qui suivent l'exaltation du combat.

La veille, mobiles du 75° et zouaves du 17° corps s'étaient trouvés sur le même champ de bataille et avaient combattu ensemble à Loigny.

Le colonel, transporté à Janville, y subit des opérations douloureuses. Mme la comtesse de Montlaur l'y vint chercher. Il fut longtemps malade et infirme, mais aujourd'hui, malgré ses 70 ans, il a retrouvé sa vivacité, son activité et sa jeunesse.

Quant au commandant de Terras, un éclat d'obus lui enlevait son képi et le frappait à la tête. Ces blessures faites à nos chefs, dit le mobile Bardet, nous avaient exaspérés, quand tout à coup nous aperçûmes des cuirassiers blancs qui se précipitaient sur nous.

Le capitaine Lebert restait seul pour nous commander. Notre sous-lieutenant Albert Quentin venait d'être mortellement frappé, et il expira pendant que deux camarades l'emportaient. C'était le fils d'un commissaire-priseur de Blois.

Il eut la force de remettre son épée à un mobile en lui recommandant de la confier à l'abbé Morancé, aumônier du 33° de la Sarthe. Ce précieux souvenir fut plus tard remis à la famille comme le dernier legs d'un fils qui a noblement payé sa dette à la Patrie.

La compagnie de Montoire et Saint-Amand fut particulièrement éprouvée.

Le capitaine Schneider, chevalier de la Légion d'honneur, avait servi 30 ans dans la garde. Il s'évada après avoir été compris dans la capitulation de Strasbourg. Il s'appuyait, pour marcher, sur un long bâton qui lui fit donner le surnom de *Père la Trique*. Sa physionomie originale, son expérience des choses de la guerre et son habitude du commandement lui avaient fait une place à part dans la Mobile.

Blessé, il essaya de se défendre avec son bâton. Ne pouvant le décider à se rendre, les Allemands l'achevèrent.

Pour éviter d'être fusillé, s'il était pris (car les Prus-

siens ne pardonnaient pas aux prisonniers leur évasion),
il ne portait sur lui aucun papier pouvant prouver son
identité, qu'une adresse au nom de son lieutenant Raoul
de Saint-Venant. Elle fut clouée sur son cercueil.

Tout à coup, dit Bardet, j'entends un cri de douleur.

M. Raoul de Saint-Venant tombait frappé à la cuisse.
Son frère, M. Julien, craignant de s'émouvoir s'il s'approchait de lui, nous crie : « Deux hommes pour emporter le
lieutenant ! » Et détournant la tête, il va éteindre un obus
à pétrole dans du fumier qui se trouvait près de là.

Peu de temps après, il recevait une balle au bras droit
et prenant son sabre de la main gauche... « En avant !
En avant ! nous criait-il, je vous suis. » Mais à peine
achevait-il ces mots, qu'une balle l'atteignait au talon.

Arrivé à Loigny, il s'y défend avec ses mobiles. Il quitte
le village et prend le chemin de Villepion.

Trop blessé pour rester au régiment, il s'installe sur
un caisson d'artillerie et se rapproche ainsi d'une ligne
de chemin de fer. A l'arrivée d'un train, il se place sur la
voie, fait signe au mécanicien d'arrêter, grimpe sur le
tender et commande la marche du train.

Descendu à Blois, il trouve une voiture et se retire
près de Vendôme, dans sa famille, où il garde le plus strict
incognito jusqu'au jour, où, à demi guéri, il se rend en
Beauce chercher son frère Raoul et le capitaine de Maricourt.

Girard, de Montoire, le sergent-major de la compagnie,
eut le pied gauche traversé. Quelques instants auparavant,
une balle lui avait troué sa tunique au coude, et il avait
eu deux fusils brisés dans les mains.

Il s'en alla à pied jusqu'à Patay. A 9 heures du soir, il
fut reçu à l'ambulance, dans l'église. C'était la neuvième à
laquelle il s'adressait. Il n'y avait place nulle part.

A 1 h. du matin, il fut dirigé sur Orléans, y passa la
journée et s'en fut souffrir à Blois durant 4 mois.

La compagnie de Montoire-Saint-Amand avait perdu

ses trois officiers, son sergent-major, son fourrier Louvrier, tous tombés dans leur sang, et la plus grande partie de ses cadres inférieurs. Elle n'était plus que l'ombre d'elle-même.

Ces horreurs laissaient encore la place à la plaisanterie. Le caporal Berthelin, le plus petit homme de la compagnie, est renversé à terre par un obus. Le grand Adrien Guillet, qui passe au même moment, prend le caporal et l'emporte sous son bras, au grand plaisir de tous.

*
* *

Il était trois heures environ, continue Bardet, tous nos officiers tombaient tour à tour. J'étais à vingt pas du lieutenant de la 3e compagnie, M. de Flers, lorsqu'il fut atteint. Il marcha quelques minutes encore, mais la douleur le força à tomber et à céder le commandement à M. de Brisoult, son sous-lieutenant. M. de Flers nous cria : « En avant, braves mobiles, en avant et sauvons le pays !... »

Ce brave officier avait reçu une balle en plein cœur. Elle venait d'un peloton allemand placé en face, à environ cent mètres. Le projectile traversa un paquet de lettres et un scapulaire avec cœur brodé portant l'inscription : « Arrête, le cœur de Jésus est avec moi ! »

La balle entra ensuite dans les chairs, en tournant sur la côte, pour sortir par le dos.

Ramassé par les Allemands, le blessé fut soigné au château de Goury par des médecins bavarois qui accomplissaient consciencieusement leur devoir.

Le lieutenant Delagrange fut atteint à la jambe. Sa blessure semblait présenter des chances de guérison. Il mourut dans les lignes ennemies.

Ernest de Bellaing, adjudant au 2e bataillon, eut le bras droit et le corps traversé par une balle. On cite plusieurs exemples de blessures semblables qui ne furent pas mortelles. Ramassé sur le champ de bataille par les ambulances prussiennes, il trouve bientôt moyen de s'échapper.

Le capitaine de Maricourt commande le bataillon et dirige la retraite. Déjà touché deux fois, il est soulevé de terre par un obus qui l'envoie à trois ou quatre mètres. C'est alors qu'une balle lui traverse la jambe. Il reste quand même à la tête des mobiles qu'il ramène jusqu'à Loigny.

Il ne peut plus se tenir debout et se retire dans l'ambulance installée au presbytère. Très gravement blessé, il fut soigné à Loigny et à Janville, revint à Vendôme pendant l'armistice et traversa, déguisé, les lignes prussiennes à Blois pour rejoindre le régiment.

Les cuirassiers allaient nous envelopper, nous dûmes nous replier ; ne pouvant tuer les cuirassiers, nous abattîmes leurs chevaux, et il en tomba beaucoup. Le temps s'assombrissait, il faisait très froid et nous ragions de reculer.

Enfin, vers quatre heures, appuyés par le 17ᵉ corps, nous avons repris l'offensive avec fureur. Nous disions tous : « Il ne faut pas laisser nos pauvres camarades blessés la nuit sur le champ de bataille, ils mourraient de froid ». Nous nous avançâmes à la baïonnette, conduits par M. de Brisoult, qui en démolissait beaucoup jusqu'au moment où lui-même, atteint d'une balle, dut s'arrêter après avoir chargé encore malgré sa blessure (1).

« C'est égal, je suis récompensé de tout cela, car un général de division m'a serré la main hier matin à Mer et m'a dit : « Braves mobiles de Loir-et-Cher, c'est vous qui avez sauvé le 16ᵉ corps ! (2) »

Deux guidons du second bataillon ont une histoire. Le

____

(1) Le lieutenant Gaston de Brisoult avait reçu une balle dans la jambe. Elle y resta deux ans malgré les entailles des chirurgiens et sortit alors à la suite d'un abcès.

(2) Bardet, voir le *Loir*, 11 décembre 1870.

premier appartenait à la compagnie de Vendôme. Il avait été remis aux mobiles Héron et Richard par les dames de Vendôme. Ces mobiles étaient les héros de l'habile et hardie embuscade organisée à Saint-Péravy pour amener des uhlans à Binas (1).

Richard eut la garde du drapeau. Il le portait déployé à Coulmiers. Une balle en traversa la soie, en enlevant sans le blesser la patte rouge placée sur l'épaule du mobile. C'était un vrai petit drapeau, très richement brodé.

Le 2 décembre, Richard fut versé à la compagnie de Mondoubleau-Savigny. Il céda le guidon à son ami Héron qui fut tué ce jour-là.

Tanviray ramassa le petit drapeau qui fut ensuite égaré.

Mme la marquise de Rancougne avait brodé et offert un guidon au capitaine de Terras, depuis commandant du 2e bataillon, et aux lieutenants Henri et Odon de Meckenheim. « Je le confiai, dit M. de Terras, au sergent Courcelles, l'un des sous-officiers les plus intelligents et les plus braves de la compagnie (Mondoubleau-Savigny). »

Le 2 décembre, Courcelles fut tué raide, d'un obus qui le coupa en deux, et le guidon resta sur le champ de bataille. Le lieutenant Odon de Meckenheim le fit chercher en vain. Il était tombé aux mains de l'ennemi.

Porté à Chartres, il fut soustrait aux Prussiens par un Français dont nous ignorons le nom et déposé à la place. Le 75e n'ayant pas d'archives, il fut remis, après la guerre, au commandant de Terras, qui le garde comme un précieux souvenir.

*
* *

(1) Un autre jour, en octobre 1870, Richard et Lavau, de Selommes, s'en vont *en uniforme* chercher des renseignements en pays occupé par l'ennemi. Ils entrent dans une ferme isolée dont les habitants les prennent pour des Prussiens et les conjurent de les épargner. Tout est à leur disposition : moutons, vaches, chevaux, vivres de toute sorte. Ces pauvres gens, entourés d'ennemis, n'en revenaient pas d'avoir des soldats français dans leur cour.

« A Loigny même, nos troupes, épuisées par une journée entière de combats et décimées par un feu d'artillerie et de mousqueterie quatre ou cinq fois supérieur au leur, commençaient à plier de nouveau.

« Le moment était décisif ; il était quatre heures, et la nuit allait venir. Un nouvel effort sur Loigny et sur Goury, centre de la résistance ennemie, pouvait encore décider en notre faveur du succès de la bataille. Le général de Sonis arrivait avec quelques batteries, les zouaves pontificaux et celles de ses troupes qui avaient le mieux marché ; il se chargea sans hésiter de cet effort et se porta intrépidement en avant, donnant lui-même l'exemple et l'élan » (1).

Dans ce mouvement, Sonis trouvera une partie du 2e et du 3e bataillon du 75e à Loigny. Le reste du régiment, dont le 1er bataillon fait le noyau, est à Villepion avec le 39e de marche. C'est en se maintenant sur ce point que l'amiral assure la retraite des zouaves.

Sonis avait avec lui un bataillon de zouaves pontificaux, des francs-tireurs de Tours et de Blidah, des mobiles bretons des Côtes-du-Nord. C'était en tout huit cents hommes.

> Clairon sonnait et derrière et devant.
> Mais à quoi bon ? C'est inutilement,
> Trop ont tardé ! Ne peuvent être à temps.

Il était quatre heures et demie. Une pluie de mitraille environnait la vaillante colonne. C'est le moment où la bannière du Sacré-Cœur fut déployée (2). « On la voyait de partout, dit de Sonis, c'était électrisant. Nous marchâ-

______

(1) CHANZY, *La 2e Armée de la Loire*, p. 82.
(2) Ce drapeau, de moire blanche brodée d'or, portait au centre le Sacré-Cœur de Jésus en velours cramoisi :

> Un gonfanon tout blanc portait en haut.
> Les franges d'or lui battent jusqu'aux mains.

mes ainsi d'un pas assuré, bien convaincus que nous remplissions un grand devoir... Je ne doutais pas que cette poignée de braves ne ramenât au feu les troupes qui battaient en retraite..... Mais rien, rien...

« Et nos zouaves avançaient toujours... Arrivés en face du petit bouquet de bois ou buisson des acacias, à deux ou trois cents mètres de Loigny, nous fûmes accueillis par un feu de mousqueterie très violent, et beaucoup des nôtres tombèrent pour ne plus se relever.

« J'avais trois cents zouaves en tout avec moi, 198 tombèrent ; mais grâce au ciel, tous mes canons purent être sauvés. Quant à moi, je restai sur le champ de bataille : voilà mon histoire. »

« Mais, ajoute l'historien, s'il ne parla pas de lui, il parla avec honneur de son admirable artillerie, *de l'amiral Jauréguiberry et de ses marins*, des braves zouaves pontificaux, et de son sauveur, le docteur Dujardin-Beaumetz. »

Les marins, nous le savons, ce sont nos mobiles de Loir-et-Cher et on peut leur appliquer dans une certaine mesure les paroles du général de Sonis à M. de Freycinet, semblant l'accuser d'avoir cédé, dans sa charge héroïque, à un mouvement d'impétuosité :

« J'étais là parce qu'il fallait aller là, marcher quand même, et mourir s'il le fallait, pour éviter un plus grand désastre..... Je suis tombé mais je n'ai pas perdu un seul canon et j'ai sauvé l'honneur » (1).

Tel est le récit du général de Sonis, soit dans sa déposition à l'enquête parlementaire le 10 août 1871, soit dans son rapport au ministre de la guerre.

Ce document met en relief la belle attitude de la division Jauréguiberry, dont faisait partie le 75ᵉ.

*
* *

(1) Enquête Parlementaire. Dépositions, t. III, p. 255.

Il est bon, pour la Mobile de Loir-et-Cher, de constater qu'elle occupait depuis le matin le champ de bataille où, selon l'expression du général de Sonis, fut « sauvé l'honneur » et qu'elle y était encore au moment de la charge héroïque des zouaves pontificaux ; et nous le faisons, documents à l'appui, en laissant la parole à nos officiers et mobiles.

M. le baron de Maricourt écrit : « Le jour baissait ; soudain une clameur immense s'élève suivie d'une fusillade furieuse. C'était une charge à la baïonnette : parmi tous les bruits du champ de bataille, il n'en n'est pas un qui puisse se comparer à celui-là.

« Un immense espoir nous envahit. Tout haletants, nous écoutions cette charge splendide, héroïque, qui s'avançait toujours, dominant de ses cris enthousiastes le tapage de la fusillade et du canon. Les notes hardies d'un clairon français sonnant la charge, vibraient jusque dans nos cœurs. C'étaient les zouaves pontificaux ! La vieille France catholique chargeait l'ennemi, sous l'étendard du Sacré-Cœur, jeune et vaillante comme aux plus beaux temps des preux ! »

Bulot : « Le 17e corps entre en ligne,..... nous voyons des régiments traverser Terminiers au pas de course ; les zouaves pontificaux avec leurs aumôniers se précipitent sur Loigny. — *Trop tard !* »

Lebatard : « Ce fut vers la fin de la journée que le renfort attendu arriva au milieu du feu et de la mitraille et que les zouaves pontificaux se firent massacrer. Il était malheureusement trop tard. »

Le *Journal d'un Officier du 1er Bataillon* : « Le 17e corps arrivait... trop tard ! L'avant-garde, composée d'un bataillon de volontaires de l'Ouest, d'un bataillon de mobiles des Côtes du Nord et de quelques francs-tireurs de Tours et de Blidah, passa près de nous, se dirigeant vers Loigny.

« En avant, dans le plus bel ordre, rangés sur quatre

rangs, marchaient les zouaves pontificaux, commandés par le colonel de Charette et le général de Sonis, sous l'œil de Dieu, portant une bannière blanche, celle du Sacré-Cœur. D'après leur fière contenance, l'allure de leur pas, l'élan et l'ordre de leur marche, on eût dit un défilé de parade.

« Ils se précipitèrent comme des lions sur l'ennemi, le firent reculer et pénétrèrent même dans ses rangs.

« Deux fois, ils revinrent à la charge, et à la fin, las de tuer et d'être tués, ils se retirèrent, rapportant leur étentendard criblé de balles... Ce qui restait de leur bataillon revint le soir à Terminiers ».

F. Hahusseau, de la 1re compagnie du 1er bataillon : « A ce moment arrive le 17e corps pour nous porter main-forte, les zouaves pontificaux passent auprès de nous au pas de charge et se lancent dans la direction de Loigny qui était tout à feu et à sang, et en même temps aux mains de l'ennemi ».

M. de Saint-Venant : « Déjà l'attaque de notre régiment en avant de Loigny ne fut plus qu'une manœuvre faite pour arrêter un ennemi victorieux. Nous étions sacrifiés au salut de tous, et de cette journée terrible, nous pouvons du moins garder le souvenir d'avoir vaillamment combattu et fait ce' qu'il était humainement possible de faire pour conjurer le désastre menaçant notre armée.

« Le 17e corps, qui venait derrière nous, et les zouaves pontificaux, dans leur charge brillante, ne purent que continuer ce que nous avions commencé ; ils se firent écraser pour arrêter les efforts des Allemands ! »

*
* *

On emporta d'assaut les premières maisons de Loigny, et quelques-uns s'y retranchèrent ; il s'agissait de rejoindre les débris du 37e de marche et du 75e mobiles qui tenaient toujours dans l'église et dans le cimetière.

Mais les Prussiens, qui, à la vue de cet ouragan, avaient rappelé leurs réserves, revenaient alors de leur surprise et comptaient les assaillants. Des masses ennemies arrivèrent, débordant les zouaves de tous côtés. Puis l'artillerie écrase d'obus le centre du village, les flammes barrent le chemin aux zouaves qui ne sont plus qu'une poignée ; 198 sont tombés sur 300.

> Et France douce aujourd'hui reste vide
> De bons guerriers, confondue et déchue.

On sonna la retraite. Elle se fit pas à pas, sous un feu terrible et à bout portant : toutefois, l'ennemi, atterré, n'osa plus ce jour-là dépasser le village de Loigny.

L'artillerie du 17e corps resta intacte, celle du 16e, prise en partie, put conserver encore quelques batteries. Nos moblots y contribuèrent pour leur part. Voici comment :

Après les échecs des attaques successives contre le château de Goury, nous avons dit que les 2e et 3e bataillons s'étaient retirés sur Loigny, pressés par la cavalerie bavaroise.

Nous étions si près, dit Richard, que nous entendions les cavaliers nous crier : « Halte ! halte ! » mais nous n'avions garde de nous arrêter et nous leur répondions à coups de fusil.

Derrière le village, les officiers d'ordonnance de l'amiral et le général Bourdillon se multipliaient pour remettre un peu d'ordre dans la brigade et nous conjuraient, les larmes aux yeux, de nous reformer.

Ce fut vite fait et l'on partit, les uns au soutien de l'artillerie, les autres à la défense de Loigny.

Richard se trouvait près d'un sergent du 37e chasseurs qui électrisait tous ceux qui l'entouraient. Ce brave avait la main coupée. Il s'était fait lier l'artère au-dessus du poignet et continuait le combat, un sabre-baïonnette dans la main gauche.

A sa suite, un groupe de vaillants de toutes armes entre dans le cimetière en escaladant les murs et s'y retranche. Le combat se continue corps à corps avec des alternatives de succès et de revers. Selon les chances de la lutte, on sautait ou ressautait par dessus les murailles. On est trop près pour tirer. Les crosses de fusil et les baïonnettes sont les seules armes. On se poursuit de tombe en tombe, de mur en mur.

La charge des zouaves pontificaux dégage le cimetière et ses défenseurs, qui profitent d'un moment de répit pour répondre à l'ordre de battre en retraite. Au sortir de Loigny, d'autres groupes se joignent à eux. Ils sont peut-être deux ou trois cents et découvrent dans la plaine des batteries d'artillerie abandonnées. Ils s'attèlent eux-mêmes aux pièces dans la direction de Faverolles jusqu'à ce qu'ils rencontrent des officiers supérieurs qui se chargent de ramener les canons pendant la nuit.

Il était cinq heures, dit Bardet, et nous avions repris six canons français.

Quelques zouaves restèrent dans Loigny. Ils y partagèrent le sort de deux bataillons du 37ᵉ de marche et d'un certain nombre de nos mobiles.

Trois ordonnances, dit le lieutenant-colonel Dumas, sont envoyés successivement à Loigny pour porter l'ordre de la retraite. Aucun n'arrive et l'on est obligé d'abandonner le village à lui-même.

Alors a lieu dans Loigny une lutte enragée ; chaque maison, et dans chaque maison chaque chambre, est défendue pied à pied, à la fois contre l'ennemi et contre l'incendie. Ce combat homme à homme dure jusqu'à sept heures du soir et se termine dans le cimetière.

Le 37ᵉ de marche s'y couvrit de gloire. Il va sans dire, que les marins qui le secondaient, selon plusieurs auteurs, étaient les *Casquettes Blanches*, les mobiles de Loir-et-Cher.

Dès le matin, le lieutenant Geoffroy de Beaucorps remplaçait, à la tête de la 4ᵉ compagnie du 2ᵉ bataillon, son capitaine, blessé mortellement le 1ᵉʳ décembre.

Il chevauche à 50 mètres de ses hommes et les excite par sa noble bravoure.

Revêtu d'un caoutchouc blanc, il commande la charge à la baïonnette, sous le feu de l'ennemi. Ses hommes le suivent avec une admirable vigueur, mais il est atteint de deux balles, l'une à la jambe, l'autre à la tête. La couleur de son vêtement en avait fait un point de mire.

Il descend de cheval et parvient, malgré ses blessures, à diriger la retraite de sa compagnie sur Loigny, où il s'établit avec le 37ᵉ de ligne. Là, ils se défendent courant de maison en maison et de grenier en grenier pour épuiser leurs dernières cartouches.

Les Bavarois les couvrent de mitraille et donnent l'assaut à leur dernier refuge. Hélas ! une journée de combats, d'attaques et de poursuites a épuisé leurs cartouchières. Mais ils ont la baïonnette, l'arme française si terrible entre leurs mains désespérées. Et sous le feu violent d'un ennemi supérieur en nombre et exaspéré par cette résistance énergique, ils tiennent toujours, attendant un second retour offensif de l'armée française.

Mais l'armée française est battue et personne ne renouvellera la charge des zouaves pontificaux. Le bruit de la bataille s'éloigne, personne ne revient. Le village brûle, il faut se rendre.

Pris par l'ennemi, Geoffroy de Beaucorps, malgré ses blessures, fut dirigé sur l'Allemagne avec une colonne de prisonniers. Garder un tel soldat n'était pas chose facile. Il prépara son évasion et risqua de nouveau sa vie pour recouvrer sa liberté. Il réussit à s'échapper.

« La bataille de Loigny avait duré de neuf heures du matin à six heures du soir.

« Une obscurité profonde régnait sur ce champ de bataille, où tant de soldats avaient trouvé une mort glorieuse, où gisaient encore tant de blessés ; il n'était éclairé qu'à

de rares intervalles par les effets sinistres de l'incendie de
Loigny.

« Les troupes des deux armées bivouaquèrent sur les
lieux mêmes où la lutte avait pris fin » (1).

« La 1re division du 16e corps fut la dernière à cesser
la lutte ; c'est à elle, ainsi qu'à son chef, que nous devions
d'avoir conservé, à peu près, nos positions du matin » (2).

Dessin de M. l'abbé GATELLIER

* *
*

Quatre ou cinq mille hommes étaient hors de combat
dans l'une et l'autre armée. Presque tous les blessés incapables de se mouvoir, restent sans soins sur le champ de
bataille que la neige commence à recouvrir.

(1) D'AURELLE DE PALADINES, *La 1re Armée de la Loire*, p. 34.
(2) CHANZY, *La 2e Armée de la Loire*, p. 84.

Les Français, en plus des tués et des blessés, avaient perdu 2,500 prisonniers.

Les Bavarois et les Prussiens avaient engagé 35,000 combattants, et les Français 40 ou 45,000. Comme la veille, la division Jauréguiberry avait supporté presque tout le poids de la lutte.

Dans la soirée, ou plutôt dans la nuit, les trois bataillons du 75e sont dirigés sur Terminiers, où ils se refugient dans les granges, abattus, mornes, consternés.

Leurs hommes installés, les officiers s'en vont chercher leur vie, quêtant en vain un morceau de pain, de maison en maison.

Un bourg pillé par les Prussiens et requisitionné par une armée ne peut offrir aucune ressource. Enfin, on trouve de çà de là un peu de pain, une bouteille de vin et des pommes de terre.

Une douzaine d'officiers du 1er bataillon se réunissent dans une petite chambre pleine de paille. L'aumônier récite à haute voix une prière pour les absents, et dévot ou non, on lui répond de tout cœur.

Quatre officiers tués ou blessés mortellement, une vingtaine de blessés, dont deux commandants et le colonel, cinq ou six cents soldats tués ou blessés, voilà, sans compter les prisonniers, dont quatre officiers, ce que coûta aux mobiles de Loir-et-Cher la désastreuse journée de Loigny.

Le 1er bataillon avait perdu le tiers de son effectif et se trouvait réduit à 6 ou 700 hommes, le second les deux tiers et 17 officiers sur 21.

Le bataillon de Maine-et-Loire avait six officiers prisonniers, dont deux blessés, 24 mobiles tués, 102 blessés et 60 prisonniers et disparus.

Le commandant de la Vingtrie avait eu son cheval tué sous lui, ainsi que le lieutenant de Mieulle, faisant fonctions d'adjudant-major.

Telle fut la bataille de Loigny, qui restera dans l'histoire comme une des plus mémorables de nos fastes militaires.

La Mobile de Loir-et-Cher en était et sa part y fut sanglante et glorieuse.

Le commandant de Terras pourra dire, en 1892, au banquet de Vendôme, qu'il était « heureux de retrouver d'accord pour rendre justice au 75ᵉ, notre implacable ennemi de Moltke, le chef du grand état-major allemand, et Chanzy, notre général en chef ».

> Gloire à nos morts tombés au champ d'honneur !
> Ces compagnons qui nous étaient si chers
> Ils sont tous morts, ne les oublions pas.
> Français, que Dieu place toutes vos âmes
> Au paradis, parmi les saintes fleurs.
> *Pie Jesu domine, dona eis requiem.*

PATAY

—

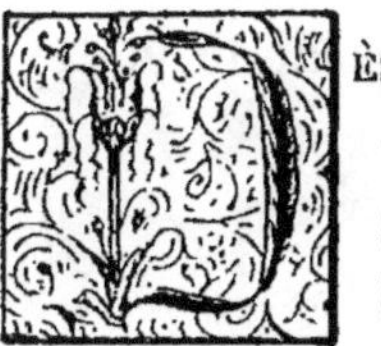ès le matin du 3 décembre, le commandant
de la Vingtrie prit le commandement du ré-
giment, le capitaine Malzy celui du 1er bataillon et le capitaine Lebert celui du 2e.

Les prévisions et les craintes étaient loin
d'atteindre les proportions du désastre. Le 16e corps était
vaincu et désorganisé. Le 15e, en pleine déroute, se
réfugiait déjà dans le camp d'Orléans et dans la ville. Les
Prussiens nous en séparaient.

La retraite précipitée des convois et de l'artillerie sur
Patay fit comprendre la triste réalité. La bataille était perdue, il fallait reculer.

A dix heures, la Mobile commence le mouvement en
arrière. La marche fut lente : les troupes étaient disposées
sur une ligne fort longue. Quand nous arrivions à une
hauteur, nous nous arrêtions pour présenter aux vedettes
prussiennes, qui nous surveillaient, une apparence d'étendue de ligne considérable.

Après un voyage de 4 ou 5 heures en pleins champs et
en droit chemin sur Orléans, nous revenons sur la droite.

Le 1er bataillon reprend à Patay ses cantonnements des
derniers jours de novembre, le second s'installe à Villardu, puis à Lignerolles avec le 3e (1).

(1) Chanzy croyait peu à la défense d'Orléans avec des troupes
désorganisées par les combats. Il insista pour obtenir du général en
chef de prendre sa direction sur Meung et Beaugency, si, par suite
des événements, la défense d'Orléans devenait impossible. D'Aurelle
de Paladines admit cette éventualité ; d'où le changement de direction
auquel se soumit le régiment.

À Patay, l'inquiétude générale excite toutes les appréhensions. « Demain, disent les habitants, les Prussiens seront dans la ville. La Mobile de Loir-et-Cher, qui reste ici seule, sans appui et sans artillerie, est un corps sacrifié. »

Qu'importe aux moblots! Ils feront leur devoir, mais d'abord ils pensent à se loger confortablement. Un bon lit ou un cantonnement sont appréciables après les douloureuses émotions et les fatigues surhumaines de la veille et de la journée.

*
* *

Le lendemain dès 7 heures, au moment de la distribution des vivres, l'ennemi est signalé.

Dans toute la ville on court, on se précipite, on crie : « Aux armes ! » Un parti de cavalerie allemande s'était avancé jusque dans un faubourg, appuyé par l'artillerie qui lance des obus sur l'église. Le général de Tucé, surpris dans la place avec quelques hommes d'escorte, refuse de diriger la défense. C'est le capitaine Malzy qui s'en chargera : il demande seulement qu'on avertisse l'amiral, que nous n'avons ni cavalerie, ni artillerie, et que nos sept cents hommes ne suffiront pas à arrêter toute une armée. L'amiral ne répond pas. Trois courriers, envoyés successivement, reviendront sans réponse.

Il ne s'agit que de sacrifier nos vies pour gagner douze heures utiles au salut de l'armée entière ; les officiers le comprennent ; ils parlent à leurs hommes et les réconfortent. Bientôt la fusillade éclate.

Le poste de grand'garde placé du côté opposé, sur la route de Saint Péravy, essaye en vain d'arrêter les fuyards civils et militaires.

Le mobile F. Hahusseau raconte, à ce sujet, ses efforts infructueux. « Je n'y pouvais rien. Pendant que j'arrête un fuyard, les autres passent derrière moi ». Désespéré, il rentre dans la ville, rejoint sa compagnie près de l'église et reprend son rang.

Du haut du clocher, le caporal Lecesne suit les mouvements de l'ennemi.

Le capitaine Malzy l'interpelle :

— « Sentinelle, que voyez-vous ?

— « Je vois en face de nous une colonne d'artillerie ennemie, une colonne de cavalerie et une colonne d'infanterie qui « foncent » sur le pays.

— « Vous ne voyez rien autre chose ?

— « Rien du tout. »

Le colloque se prolonge ; mêmes questions et mêmes réponses. L'ennemi partou', sauf sur Saint-Péravy, et point de secours !

Plus de doute : dans quelques instants nous serons cernés et abandonnés à nos propres forces.

D'abord, tout va bien. Les moblots tiraient à coup sûr, derrière les murs percés de créneaux, mais les projectiles allemands démolissent les clôtures et incendient les granges couvertes de paille. Les Bavarois approchent, fusillant avec rage et soutenus par leur artillerie.

Un instant de panique chez quelques camarades est immédiatement réprimé par l'énergie et le sang-froid des autres. « Au moins, disent ces braves, vengeons-nous et vendons chèrement nos vies ! » Et pour mieux profiter des créneaux qui restent, on s'y succède.

« Brézillon, de Lamotte-Beuvron, écrit un mobile, retirait son fusil pour que je puisse placer le mien, lorsqu'une balle traverse le créneau et l'atteint en pleine poitrine. Il tombe et les camarades lui portent secours pendant que je reste seul au créneau.

« J'y brûle 70 cartouches.

« Puis des camarades me cèdent leur provision, et, la cartouchière remplie, je reviens à mon poste.

« Un certain nombre de tirs de ce genre sont installés çà et là tout autour de la ville. L'héroïsme est partout avec le danger et la mort aussi bien donnée que reçue. »

Voici le récit d'un officier de la 3e compagnie :

« On court aux barricades en assez grand désordre. Je me trouve prêt l'un des premiers et j'en profite pour me diriger en toute hâte vers la barricade de la route de Chartres, avec quelques braves de toutes les compagnies.

« J'aperçois, sur la route, à la hauteur des dernières maisons du village, un officier de cavalerie criant de toutes ses forces et presque fou de désespoir : « A nous ! les mobiles, à nous ! »

« Je m'élance vers lui, avec 7 ou 8 hommes de ma compagnie, que je voulais placer à l'extrémité du village pour ouvrir le feu.

« Le reste de nos hommes était derrière la barricade, élevée à cent mètres derrière nous, au milieu du faubourg. Au moment où j'arrive aux dernières maisons pour découvrir la plaine, un obus siffle, tombe sur la route et tue raide le mobile Bouin, placé à cinq mètres de moi.

« Je fis encore quelques pas pour mieux voir la plaine : elle était couverte de longues lignes noires. Il y avait là 6 à 7,000 hommes et deux batteries.

« Me voyant seul ou à peu près, je me repliai sur la barricade où la 3e était installée. Mon capitaine avait, outre ses hommes, rallié un certain nombre de poltrons qu'il avait rencontrés dans les rues allant se cacher et qui ensuite firent très bonne contenance.

« Bientôt les obus pleuvaient sur nous ; toutes les maisons du faubourg brûlaient, ce qui empêcha les ennemis de s'y installer et d'attaquer de près notre barricade. Il passait seulement dans la rue quelques Bavarois, qui payèrent leur audace de la vie. D'autres essayaient d'occuper les parties de maisons qui n'étaient pas encore brûlées, mais l'incendie et les balles les délogèrent rapidement (1). »

Nos soldats visaient juste et tiraient bien ; mais le froid était tellement vif qu'après plusieurs minutes de tir, ils avaient les mains engourdies, et il fallait les relever à cha-

____

(1) *Journal d'un Officier du 1er Bataillon.*

que créneau de la barricade. La plupart des balles ennemies passaient au-dessus de nos têtes, grâce à une dépression de terrain : mais les obus faisaient beaucoup de mal.

Tout le village fut bientôt en flammes. Une jeune fille qui sortit dans la rue, eut les deux poignets coupés par des éclats d'obus ; le clocher de l'église visé par l'artillerie ne fut pas atteint, et le caporal-tambour y resta jusqu'à la fin !

Sur notre droite, du côté de Terminiers, les positions plus découvertes furent plus rudement attaquées. La fusillade devint furieuse : deux fois les Bavarois tentèrent l'assaut et reculèrent. Mais les cartouches s'épuisaient et le secours que nous promettions aux soldats pour les encourager n'arrivait pas. Les mobiles tinrent bon. Le capitaine Malzy allait, venait, courait d'une barricade à l'autre, donnant partout des ordres.

La fusillade continuait toujours avec un acharnement inouï.

Nous étions placés, dit un mobile, au pied d'un mur crénelé, sous le commandement du lieutenant de Gallard, de la 8ᵉ compagnie, dont la vaillance et le sang-froid ont été très remarqués en cette circonstance.

Un des hommes ayant perdu son képi, s'était couvert la tête avec son mouchoir pour se garantir du froid, le capitaine d'Espinay-Saint-Luc, qui passait par là, lui demande s'il n'était pas blessé ; « Non, mon capitaine, lui répondit le soldat, mon képi est tombé là-bas près du cimetière, et je ne peux pas quitter mon poste pour aller le chercher. »

Le marquis d'Espinay-Saint-Luc s'était engagé dans la mobile, quoique âgé de 57 ans. Il commandait la 8ᵉ compagnie du 1ᵉʳ bataillon et se tenait, pendant le combat, avec la seconde section confiée au sous-lieutenant Barluet de Beauchêne.

C'est là que debout, le sabre nu sous le bras, devant la porte défoncée d'un jardin où sont ses hommes, il veille à la défense, sans souci des balles qui, comme la grêle, hachaient les branches des arbres.

Le sergent Lebatard, dont la main vient d'être touchée par une balle, s'écarte un moment. Eugène Michelet prend sa place et en reçoit presque aussitôt une autre en pleine poitrine.

Lebatard se replace dans le jardin gardé par le capitaine d'Espinay-Saint-Luc et appuie son fusil sur les branches d'un sureau pour assurer son tir.

Le lieutenant Barluet de Beauchène fait remarquer au capitaine qu'il risquait bien inutilement sa vie en restant découvert dans un poste aussi dangereux. Il répondit : « Je suis trop vieux, ils ne voudraient pas de ma vieille carcasse ; faites-moi une cigarette, vous serez bien gentil. »

A ce moment, un obus le renverse ainsi que cinq ou six hommes, parmi lesquels Guérin Albert, Lecesne et Poy, le mobile sans képi auquel le capitaine venait de parler, et qui survécut à ses graves blessures. Il avait reçu un éclat d'obus dans l'épine dorsale et dans le côté droit, une balle qui n'en fut délogée qu'au bout d'un an.

Resté debout par miracle, le lieutenant se précipite vers le capitaine : « Je suis mort, » dit celui-ci et, lui prenant la main, il l'enfonce dans une plaie béante sous le sein droit. On le transporta à son logement chez le médecin de Patay.

*
* *

Cependant le feu commencé à 6 heures du matin continuait toujours ; les hommes embusqués dans les jardins et derrière les barricades tenaient bon.

Les ennemis s'approchent et leurs tirailleurs ne sont qu'à 200 mètres. Une fusillade bien nourrie les arrête ; et renonçant à poursuivre l'attaque, ils sonnent la retraite.

Le gros de leurs forces se retire en assez bon ordre, mais les tirailleurs, si près de nous, sont en mauvaise position.

Rampant par terre, pour tirer sans se découvrir, ils ne pouvaient pas se relever.

Les mobiles poussent un cri de victoire, quittent leur retraite, font irruption dans la plaine et cherchent des prisonniers.

F. Hahusseau, parti seul, la baïonnette au canon, se trouve en face de deux Bavarois blottis derrière un petit tas de fumier. Chemin faisant, il tire deux ou trois coups de fusil ; entre chaque détonation, les pauvres diables levaient timidement la tête.

Il présente la baïonnette. Comme le plus proche allait être enfilé, tous deux tendent les mains en suppliant :

« O bonne Francis, nous pas capout ».

Hahusseau s'empare des fusils et des sabres de ces deux hommes et leur fait signe de se lever.

Ce sont deux grands blonds.

Le terrain tout autour est entouré de morts et de blessés, plusieurs entassés les uns sur les autres. Les corps morts servaient de protection aux tirailleurs, qui tombaient eux-mêmes sur leurs camarades.

Notre mobile se coiffe d'un casque bavarois qu'il ramasse sur le champ du combat et rentre en triomphateur à Patay, la baïonnette dans les reins de ses deux prisonniers qui filent grand train devant lui.

A moitié chemin, un lieutenant arrive avec sa section. Quelques têtes échauffées parlent de maltraiter les Bavarois. Hahusseau les défend : « Ils sont à moi ; si vous en voulez, allez en chercher. Attrapez-en, vous en ferez ce que vous voudrez ».

A l'entrée de la ville, soldats et civils, à cause de son casque, les prennent lui et ses prisonniers pour trois Prussiens qui viennent se rendre. On se jette sur lui pour le désarmer.

« Halte-là, je suis Français ! » et il enlève son casque.

Il dépose ses prisonniers et leurs fusils au poste. Mais il garde un sabre qui servira de hache à l'escouade qui n'en a plus ; il ne s'en séparera que dans le ravin de Tavers, au moment où la Mobile faillit disparaître tout entière. « S'ils me prenaient avec, disait-il, ils pourraient s'en servir pour me couper la tête ».

« Les Prussiens en retraite, écrit Lebatard, je partis en avant pour faire des prisonniers et ramasser les blessés. Je découvre le visage d'un Bavarois. Il était mort. Il avait reçu huit balles dans la tête. Le sang, coagulé au sortir de ses blessures, avait formé par le froid huit glaçons. A cet horrible spectacle, je détourne les yeux et m'enfuis d'un autre côté. »

Il ajoute : « Nous fîmes une soixantaine de prisonniers, parmi lesquels un officier, grand, rouge, insolent. Exaspéré, un mobile voulait le souffleter.

« Nous avons aussi recueilli une grande quantité d'armes. A grand tort, on nous défendit de les briser : elles retombèrent au pouvoir de l'ennemi. »

Au bruit du canon et de la fusillade, un peloton de mobiles du 2e bataillon accourt jusqu'à Patay. Duchampt, Richard, G. Jauneau, entrant dans la ville, assistent à l'explosion d'un obus bavarois qui coupe le bras d'un homme et enlève l'oreille d'un enfant dans ses bras.

Sur le champ de bataille, G. Jauneau est saisi à la jambe par un Prussien blessé qui le conjure, en sanglotant, de l'emporter à l'ambulance. Il le charge sur ses épaules, l'abandonne au moment d'une alerte, revient le chercher, et le confie aux soins de deux médecins anglais.

En somme, le champ de bataille nous appartenait (1), il y restait une centaine de blessés, des morts qu'on n'avait pas eu le temps d'emporter, des munitions et des brancards. Le curé de Patay courut donner aux mourants les derniers secours ; son vicaire, un fusil sur l'épaule, revint du champ de bataille ramenant un Bavarois prisonnier.

On s'attendait pourtant à un retour offensif. Nous allons chercher sur la place de l'église des cartouches qu'un caisson d'artillerie venait d'apporter ; le 3e bataillon arrivant à

(1) *Journal d'un Officier du 1er Bataillon.*

la rescousse, on se préparait à une nouvelle lutte. Mais les Prussiens nous laissèrent tous les honneurs de la journée.

Cette brillante affaire nous coûta nombre de morts et de blessés dont la liste est douloureuse.

On relève, dans les registres de l'état-civil de Patay, en décembre 1870, les noms suivants, signalés comme appartenant à la Mobile de Loir-et-Cher : le marquis d'Espinay-Saint-Luc ; Alexandre-Eugène Brézillon ; Gustave Bouin ; Louis Brossier ; Eugène Michelet ; Louis-Eugène Sauger ; Charles Gentils ; Isidore-Zéphirin Palgé ; Auguste Joly.

*
* *

Beaucoup de tirailleurs, en quittant leurs créneaux, étaient noircis par la fumée de la poudre ; leur figure, leurs mains, leurs vêtements en sont couverts. L'un d'eux prend dans sa musette un morceau de pain pour le manger : il est tout noir et bien mauvais ; le pain qui réconforte le pauvre moblot, n'est-ce pas l'image des jours douloureux qui vont suivre ?

On reçoit l'ordre d'évacuer Patay. Nous abandonnons la petite ville bombardée et incendiée, et nous cheminons tranquillement sur la route de Saint-Péravy, nous félicitant de l'heureuse issue du combat et de la belle attitude de nos soldats.

Au moment où la tête de la colonne atteignait Saint-Péravy, nous apercevons dans le lointain, à gauche, un tourbillon de poussière (1). C'était un escadron de spahis et un escadron de chasseurs, poussés l'épée dans les reins par la cavalerie bavaroise, et s'enfuyant à toute vitesse, dans le plus parfait désordre. Ils crient : « A gauche, à gauche, sauvez-nous ! » Plusieurs des nôtres crurent entendre : « Sauvez-vous ! » Il y a un moment d'émoi.

En effet, derrière une petite hauteur, apparaissait un

____

(1) Hahusseau.

front de bataille formé par plusieurs régiments de cavalerie prussienne, qui chargeaient au trot. Nous ne pouvions tirer sur eux ; la cavalerie française était devant nous. Après avoir laissé passer tous ces fuyards, nos hommes occupent les retranchements faits pour la défense de Saint-Péravy et attendent l'ennemi de pied ferme.

Le 2° bataillon, surpris à Villardu, revenait en grande hâte. Des tirailleurs, embusqués dans de petits retranchements à 500 mètres en avant, accueillaient les Prussiens par une vigoureuse fusillade qui leur donna sans doute à réfléchir et leur fit faire demi-tour.

A ce moment, quelques Arabes, arrivés la veille, se mettent de la partie. Ils s'élancent sur les Bavarois avec une impétueuse ardeur, aux cris presque sauvages de « ahou ! ahou ! » qui répondent aux « hourra ! hourra ! » des Allemands (1).

Chanzy raconte comme suit la défense de Patay :

« Vers huit heures du matin, la canonnade commença du côté de Patay. C'était une colonne prussienne, avec artillerie, qui se portait sur cette ville, que douze escadrons cherchaient à tourner. Le général de Tucé, plaçant son infanterie aux barricades, disposa sa cavalerie sur la route de Lignerolles et reçut l'ennemi, qui s'avançait avec beaucoup d'entrain, par un feu de tirailleurs, disposés dans les jardins et derrière les murs de clôture. Les mobiles de Loir-et-Cher, commandés par le capitaine Malzy,

---

(1) Ces Arabes étaient un corps d'éclaireurs, formé en Algérie de cavaliers de bonne volonté, arrivés le 2 décembre à Saint-Péravy, au nombre de quatre cents.

Ils étaient armés d'un grand cimeterre et de fusils chassepots, modèle de cavalerie. Drapés dans leurs vêtements orientaux, aux couleurs éclatantes, ils montaient d'admirables petits chevaux, caracolant dans les plaines de Beauce, comme dans un nouveau Sahara. Leur camp était un spectacle bien curieux où hommes et chevaux se remuaient dans une agitation bruyante, qui contrastait avec l'attitude morne et silencieuse de nos colonnes en retraite.

firent bonne contenance et furent bientôt renforcés par un bataillon du 75e mobiles (Maine-et-Loire), amené au pas de course par le commandant de la Vingtrie.

« La batterie d'artillerie, laissée la veille en réserve à Lignerolles, prenait position à droite de Patay et répondait vigoureusement au feu des pièces ennemies.

« ... L'amiral faisait partir un bataillon du 39e de ligne qui se portait... sur Lignerolles pour soutenir les troupes engagées.

« Avant son arrivée, celles-ci avaient repris l'offensive sous une pluie d'obus... et délogé l'ennemi des embuscades où il s'était abrité autour de la ville, après lui avoir tué plus de deux cents hommes et fait une quarantaine de prisonniers, dont quatre officiers ».

Les mobiles rectifieront les inexactitudes de ce récit. Un général en chef ne voit pas tout. Il ne pouvait pas dire d'ailleurs que les mobiles de Loir-et-Cher avaient été abandonnés et sacrifiés à Patay pour sauver les lambeaux de l'armée.

Par son héroïsme et sa résistance généreuse, le 1er bataillon des mobiles de Loir-et-Cher retarda de plusieurs heures la poursuite du 16e corps et permit à un grand nombre d'éclopés de rejoindre la colonne de retraite.

Il y gagna autre chose. Il se sauva lui-même. S'il eût manqué d'énergie, il était fait prisonnier tout entier.

Une fois de plus, il montra par son exemple que, dans les positions désespérées, les hommes de cœur sont souvent les plus habiles.

Le 1er bataillon à Patay, n'avait qu'à suivre le conseil du vieil Horace :

> Que vouliez-vous qu'il fît contre *dix* ?
>
> Qu'il mourût
> Ou qu'un beau désespoir alors le secourût.

Et c'est ce qui arriva.

APPENDICE

MORT DE M. LE MARQUIS D'ESPINAY-SAINT-LUC

Selles-sur-Cher, 25 mars 1878.

Mon cher François (1),

Comment allez-vous recevoir cette lettre tardive ? Vraiment je n'oserais pas l'écrire, si je n'étais innocent de son retard.

Votre lettre était si bonne, j'avais tant de raisons de vous parler, que j'ai plus souffert que vous en ne le faisant pas. Le temps et aussi le cœur me manquaient pour me souvenir, et, malgré mon désir de vous plaire, je veux m'arrêter à votre seul père.

Pour vous répondre comme vous le souhaitez, c'est un volume qu'il m'eût fallu écrire. Je l'ai refusé à tous ; vous ne m'en voudrez pas de vous le refuser encore quand tout me manque pour le faire.

J'ai vu l'héroïsme de quelques-uns et le plus misérable affaissement d'un grand nombre. Le courage et la lâcheté, la foi pleine de lumières et l'impiété idiote se touchaient. Si j'ai eu, comme prêtre, des consolations ineffables, j'ai senti d'affreuses tristesses. Pourtant, le mal a dépassé le bien. Tous ceux qui ont vu cela de près ont souhaité de mourir, si déjà leur cœur n'était mort de honte et d'angoisse.

Vous n'aurez donc pas mes souvenirs, mais ce serait une mauvaise action que de vous refuser le récit de la mort de votre père, Monsieur le Marquis d'Espinay Saint-Luc. Ah ! que ne l'ai-je écrite dans ces jours-là !

(1) Lettre de M. l'abbé Grelat, aumônier du 1er bataillon, curé doyen de Selles-sur-Cher, au marquis d'Espinay-Saint-Luc.

Comme je l'ai vu longtemps, comme je le vois encore, ce cher soldat ! Quelle admiration, quelle amitié je lui ai vouées à l'heure suprême où il m'est apparu si fort, si doux, si saint !

C'était après la bataille perdue du 2 décembre 1870. Les débris du 1er bataillon des mobiles du Loir-et-Cher, placés à l'arrière-garde de l'armée en déroute, s'étaient arrêtés à Patay. Ce petit pays devait être défendu et gardé à tout prix pour permettre à l'armée de prendre les devants.

Le dimanche 4 décembre, vers 7 heures, le matin, j'allais dire la messe en l'église paroissiale, deux officiers de nos mobiles s'apprêtaient à la servir. Chers officiers, comme je les retrouve souvent dans ma pensée ! Chers jeunes hommes, si tendres pour moi, si vaillants à l'ennemi, si fermes dans la foi. Soyez bénis de tout le bien que j'ai vu en vous en ces tristes jours.

J'avais revêtu les ornements sacrés, quand un obus frappe le clocher de l'église, un autre en atteint la nef. Les femmes poussent des cris, les soldats sortent en foule : ce n'était plus l'heure de la prière en paix ; je dépose les ornements, je sors, je trouve sur la place quelques officiers inquiets ; ensemble et en courant, nous traversons le village, au loin et tout alentour nous apercevons des masses profondes qui se déroulent.

On crie, on s'arme, on amène les hommes, on refait des barricades détruites la veille pour le passage de l'armée, on se distribue les postes à défendre.

Un général, surpris dans cette petite place, et accompagné seulement de quatre cavaliers, refuse de diriger la défense. Notre vieux capitaine Malzy va commander ; il demande seulement qu'un cavalier aille dire à l'amiral que nous sommes attaqués, que nous n'avons ni cavalerie ni artillerie, que nos sept cents hommes ne suffiront pas à arrêter toute une armée. L'amiral ne répond pas.

Trois courriers envoyés successivement reviennent sans réponse et sans secours. Nos officiers comprennent que c'est leur vie qu'on leur demande pour gagner quelques heures utiles au salut de l'armée entière ; ils parlent à leurs hommes, ils s'arment eux-mêmes ; et, l'ennemi étant proche, la fusillade recommence.

Votre père était posté derrière un mur, regardant la plaine qui s'étend entre Guillonville et Terminiers. Les hommes, rangés au long du mur, admiraient son joyeux sang-froid, et, encouragés par lui, se battaient bravement.

Vers dix heures, il est frappé d'un éclat d'obus en pleine poitrine, le sang jaillit à flots ; on le porte chez le médecin de Patay, on l'étend tout habillé sur un lit, le médecin examine, veut faire des sondages, poser des appareils. Tout cela demandait du temps ; le vieux chrétien, se sentant frappé à mort, voulait consacrer à Dieu les heures décisives qui lui restaient. Il dit au médecin : « Remettons ces soins à plus tard. » Et à l'un de ses soldats, il commande de m'appeler.

J'étais alors à une autre extrémité du village, au milieu de nos enfants, encourageant les valides, confessant et consolant les blessés.

A la nouvelle qui m'est donnée, j'accours. J'entre dans une chambre dont les volets sont fermés ; à la lueur d'une chandelle, j'aperçois sur le lit votre courageux père. Il est étendu. Sa noble et forte tête est coiffée du képi ; en me voyant, il le quitte et me tend la main, et, sans s'arrêter à d'inutiles paroles, il me dit : « Mon cher abbé, je suis blessé. Le médecin a voulu faire ses pansements, j'ai répondu qu'avant tout il fallait soigner l'âme, que pour le corps on verrait après. Vous allez me confesser. »

On sort. Je me mets à genoux, je me relève, et tenant dans mes mains la main de ce vaillant, je l'entends, je l'encourage, je lui pardonne au nom du Père, du Fils et du Saint-Esprit.

Puis, il me demande à recevoir les sacrements. Je compris qu'il voulait l'Extrême-Onction, et comme je portais toujours sur moi les saintes huiles, je lui proposai de la lui donner à l'instant. Sa foi lui inspirait d'autres désirs : « Vous m'apporterez le bon Dieu d'abord, mon cher abbé, et vous me donnerez ensuite l'Extrême-Onction. » Et, comme j'hésitais et lui montrais le danger qu'il y avait de profaner le corps de Notre-Seigneur en traversant ce petit pays dont les maisons en feu s'écroulaient, et dont les rues étaient sillonnées par les balles et les obus, il me répondit : « Pour vous, je sais bien que vous n'avez pas peur ; pour le bon Dieu, eh bien ! il se gardera tout seul ».

Puis il ajouta : « Je désire que mes hommes soient près de moi quand je recevrai le Saint Viatique. » Je lui fis observer que ses hommes étaient aux barricades et aux murs, et que leur présence y était nécessaire. Il me répondit que plusieurs n'ayant plus de cartouches, n'étaient d'aucun secours. Je lui promis alors de les réunir. Je cours vers eux, je leur dis la volonté de leur capitaine, je leur indique la maison où ils le trouveront, et prenant avec moi quatre d'entre eux et un sergent, je vais à l'église. Elle est fermée. Je cours à l'hospice. Je monte à la chapelle. Un instant, je prie pour cette grande âme qui a tout envahi dans mon esprit. Je revêts les ornements sacrés, et prenant au tabernacle le Saint Ciboire, je m'en vais dans ces rues pleines de bruit et d'épouvante, portant le Dieu de paix.

C'était alors le fort de la bataille. L'ennemi irrité faisait un effort suprême pour franchir cet obstacle imprévu ; les nôtres, excités par leurs chefs, encouragés par leur propre résistance, sachant, d'ailleurs, qu'ils n'ont à attendre de secours que d'eux-mêmes, se défendaient avec un noble désespoir.

« O Jésus ! jamais je ne vous vis plus aimable et plus grand, jamais je ne vous pressai sur mon cœur plus tendrement qu'alors. »

Nous arrivons. La chambre était pleine de soldats ; à notre entrée, il se fait un grand silence. Dans ce silence, la voix de votre père s'élève émue et forte comme dans le combat : « Portez armes ! Présentez armes ! Genoux terre ! C'est le bon Dieu, mes enfants ».

Je m'avance alors et je dépose le corps de N.-S. sur un tas de matelas, de couvertures et de sacs. C'est le trône où Jésus veut s'arrêter un instant avant de se donner à une âme fidèle qui a besoin de lui !

Je fléchis le genou et je m'approche du lit où prie votre père. Il avait un peu pâli ; sa tête était nue ; il avait l'une de ses mains étendue et l'autre posée, par-dessus les vêtements, sur la blessure, comme pour y retenir le sang et y garder la vie assez longtemps pour les grandes choses qui se préparaient.

Je m'apprêtais à parler à ce cher blessé, lorsque, redressant la tête et s'appuyant sur le coude, il me fit signe qu'il avait lui-même quelque chose à nous dire. Je m'écartai et j'entendis sa voix, pleine d'humilité et de force, qui disait : « Mes enfants, j'ai, dans ma vie, donné de mauvais exemples ; peut-être, vous ne le savez pas, mais vous me servirez de témoins plus tard. Je demande pardon à Dieu et aux hommes, dites-le à tous ! »

Puis, il s'étendit, ferma les yeux, joignit les mains et se mit à prier. J'étais près de lui, le regardant au travers de mes larmes, admirant un vieux chrétien, heureux d'assister une si grande âme, brisé de voir s'éteindre une pareille vie, agité par mille sentiments qui ne me laissaient aucune force pour parler. Pourtant il le fallait. Je parle donc pour demander à votre père s'il croyait bien que le Dieu du ciel et de la terre était là près de lui, caché dans l'Eucharistie ? — Oui, je le crois ! — S'il mettait en lui son espérance ? — Oui, j'espère en lui seul ! — S'il l'aimait ? — Oui, je l'aime ! Et comme je sentais qu'en cet instant, cette grande âme devenue libre, s'élançait plus haut, j'ajoutai : L'aimez-vous plus que toute chose ? — Oui, par-dessus tout. — Plus que vos enfants ? — Oui, plus que mes chers enfants.

— Plus que vous-même ? — Oui, mille fois plus que moi-même.

— Lui faites-vous joyeusement le sacrifice de votre vie ? — Oh ! oui, de tout mon cœur.

Ah ! mon cher François, qui vous dira le doux éclat de ce regard fixé au ciel, la beauté de ce visage transfiguré par la joie de l'expiation et par l'amour !

Il s'était redressé pour me répondre : en soldat, il répondait debout à l'appel de Dieu ! Ayant fini de parler, il reposa sa tête et se mit à prier.

J'allai chercher le Saint Viatique et lui donnai la communion. Oh ! quel souvenir, que cette paix répandue quand il eut communié !

Je déposai le ciboire, je fis les prières et m'approchai de nouveau de son lit, afin de l'exhorter à bien recevoir l'Extrême-Onction que j'allais lui donner.

Il me fit un signe, comme la première fois ; et, se retournant un peu vers ses soldats à genoux, il leur dit encore : « Mes enfants, notre aumônier va faire les onctions avec l'huile sainte sur tous mes sens, pour effacer les restes des fautes que j'ai commises. Ceux qui en ont été les témoins ne sont pas là, mais je vous le demande, vous direz à tous que je demande pardon à Dieu et aux hommes. »

Qu'avais-je à exhorter une âme si repentante ?

Je récitai donc les merveilleuses prières de l'Église, et, plein de respect, en pleurant, je touchai ces yeux, ces vaillantes mains, tous ces sens sanctifiés par la Foi et par l'amour ; puis j'achevai, dans une émotion indicible, les prières où l'Église instruit, pleure, aime, console et chante la délivrance des âmes.

Votre père priait avec moi, les mains jointes, les yeux toujours fermés ; tout son visage respirait une paix divine.

Je n'ai point entendu la prière de ses lèvres, mais vous le savez bien, mon cher François, à cette heure-là, quand son âme, détachée de tous ses liens, était pleine de Dieu, c'était pour vous qu'il priait, c'était pour votre frère, pour votre sœur, c'était pour sa noble mère, pour ses frères, pour tous les siens. C'était pour la malheureuse France aussi qu'il priait.

Je lui présentai le Crucifix que je portais à mon cou, il le baisa avec un grand amour, le prit dans sa main, le contempla quelques instants et le baisa encore, puis je lui donnai l'indulgence plénière avec la bénédiction apostolique.

Toute l'œuvre de Dieu était finie, mais au-dessus de cette action extérieure, quelle n'était pas la force de son action invisible sur les âmes présentes !

Il y avait dans toute cette scène je ne sais quoi d'accompli qui remuait l'âme jusqu'en ses profondeurs : cette chambre pleine du désordre des batailles, cette lumière sans éclat, tous ces hommes épuisés par les fatigues, émus par le combat, quelques-uns blessés, tous à genoux, parlant au Dieu qu'ils avaient oublié et blasphémé, tous dominés par ce grand exemple de foi ; cet homme armé pour son pays, ce marquis portant son sac naguère, ce soldat demandant pardon à Dieu et aux hommes, ce capitaine communiant avec la ferveur d'un saint, ce père priant pour ses enfants orphelins, ce chrétien sans peur devant la mort ; cette âme, délivrée par l'absolution, tendant à Dieu avec une incomparable puissance ; ce grand Dieu enfin, caché sous l'Eucharistie, invisible et pénétrant tout, dominant ces esprits rebelles, s'emparant de ces cœurs par une invasion soudaine !

Au dehors, les cris, les sifflements des balles, l'effondrement bruyant des maisons en feu.

Ah ! qui pourrait oublier ?

J'aurais voulu graver dans l'âme abusée de ces enfants un si bon souvenir. Ce fut votre père qui prit ce soin :

« Mes enfants, leur dit-il, je vous avais appris à combattre en soldats, je viens de vous montrer à mourir en chrétiens ! »

Mon œuvre était finie, et d'autres devoirs m'appelaient.

Avant de quitter votre père, je pris en pleurant ses deux mains, je le remerciai de l'exemple qu'il avait donné et de la consolation immense qu'il avait apportée à mon cœur, je lui rappelai les miséricordes de Dieu ; mais lui, m'attirant, m'embrassa.

A ce moment seulement, son vaillant cœur fléchit. Je sentis des larmes sur ses joues ; un instant, nous pleurâmes tous deux des larmes chrétiennes, pleines de tristesses et d'espérances ; puis j'entendis qu'il me disait :

« Adieu, mon ami. Vous direz aux miens comment je suis mort ; cela les consolera ! »

Puis je pris à mon cou le Saint Viatique, parlant à Dieu de son serviteur, le bénissant de ce qu'il fait pour ses élus ; heureux et désolé, je le rapportai à la chapelle.

Cependant, les nôtres chassaient un ennemi dix fois supérieur ; sans cavalerie, sans canons, on fit deux cents prisonniers : ce ne fut qu'un rapide triomphe ; l'ennemi revint plus nombreux encore ; nous n'avions plus de cartouches, il fallut abandonner Patay.

Quelques jours après, dans la retraite, vous me rencontriez, et, passant au galop de votre cheval, vous me jetiez cette parole inquiète :

— « Et mon père ? »

Je ne pus pas vous répondre, vous étiez déjà loin.

Votre père, mon cher François, il est au Ciel !

IV

RETRAITE

—

LES LIGNES DE JOSNES

—

*J'en ai encore pour deux fois de
ces « Casquettes Blanches. »*

AVEROLLES pris à la baïonnette, Loigny défendu tout un jour, Patay protégé contre une armée, tel était le bilan des quatre premiers jours de décembre. Et cependant, les mobiles battent en retraite, suivant dans son désastre, la partie de l'armée qui est restée sur la rive droite de la Loire, sous l'autorité du général Chanzy.

Arrivé à Saint-Péravy, le commandant de la Vingtrie ne savait quelle route prendre. Toutes les maisons du village étaient fermées, et les rues désertes. On n'avait pas laissé un seul planton pour nous indiquer la route à suivre.

Nous allions nous engager sur le chemin d'Orléans, quand un paysan, qui venait de Clos-Aubry, nous avertit que la route un peu plus loin était au pouvoir de l'ennemi.

Un officier conçut l'idée de suivre la direction de Beaugency ; le commandant l'agréa. Après une heure de marche, nous apercevons enfin l'armée qui opérait sa retraite du côté de Bucy-Saint-Liphard. L'amiral Jauréguiberry nous fit reconnaître ; quand il sut qui nous étions, il témoigna vivement de sa surprise et de sa satisfaction. Il ne comptait plus nous revoir.

« Comment, disait-il étonné, il en reste encore de ces Casquettes Blanches ! »

Depuis il nous voulut beaucoup de bien.

« Deux fois, dans cette campagne, dit le commandant Clauzel, le 75ᵉ régiment de mobiles a été cité à l'ordre du jour de l'armée, et, à l'occasion de la défense de Patay, il a reçu de l'amiral Jauréguiberry les éloges les plus flatteurs (1) ».

Toujours en avant dans l'attaque, le 75ᵉ mobiles garda la position d'arrière dans la retraite et fut jusqu'au Mans presque toujours en contact avec l'ennemi.

Il en résulta souvent la nécessité de lever rapidement les tentes et de renverser les marmites et gamelles au moment de manger la soupe. Ce dernier désastre était particulièrement cruel pour des hommes très éprouvés par le froid, les combats et les marches forcées.

Cependant le moblot y trouve encore matière à plaisanterie. S'il en est ainsi, c'est la faute de l'amiral Jauréguiberry. Un homme de mer ignore que sur terre les canons et les gamelles ne suivent pas l'équipage. Voilà pourquoi les batteries du 16ᵉ corps à Loigny et la batterie de Lignerolles ont été enlevées par l'ennemi et la soupe renversée bien souvent dans les sillons.

Et à la première occasion, le régiment se fera de nouveau décimer sur l'ordre de son vaillant amiral.

*
* *

______

(1) Rapport officiel déposé aux Archives de Loir-et-Cher.

La nuit était venue, mais une nuit splendide. Pas un nuage au ciel. Il faisait clair comme en jour.

Français et Prussiens se suivaient de près. L'aumônier du 33e mobiles, fait prisonnier par l'ennemi et échappé de leurs mains, raconte l'épisode suivant, dont un mobile du 75e faillit être victime.

Un brigadier ou maréchal-des-logis des chasseurs d'Afrique, pris de folie furieuse, frappait à coups de sabre un tout jeune soldat. Il lui avait déjà fendu la lèvre supérieure et brisé les dents. Je me jette à lui :

« — Mais, mon ami, lui dis-je, ne le massacrez pas ainsi.

« — Monsieur, c'est un Prussien. »

Voyant à quel malheureux j'avais affaire, et comprenant que le langage de la raison n'aurait aucun succès, je repris aussitôt :

« — Mais il vaudrait mieux le faire prisonnier, l'emmener vivant, vous auriez la croix.

« — La croix d'honneur ?

« — Mais oui, la croix d'honneur. »

Il se mit à rire de ce rire qui déchire comme un poignard, et le pauvre jeune homme se cramponne à mon bras qu'il couvre bientôt de sang.

« — Prenez-lui le bras droit, dis-je au chasseur, tenons-le bien tous deux, et afin qu'il ne nous échappe pas, donnez-moi votre sabre, je vais le porter. »

Le pauvre enfant serrait mon bras d'un air d'intelligence. Il comprenait que sa vie était sauvée.

Un peu avant la maison d'école de Rosières, qui fait un des angles du carrefour, nous entrons à droite chez le fermier qui remplissait les fonctions de maire, et le malheureux insensé est enfermé. Je reprends avec le mobile le chemin qui va de ce village à la route de Coulmiers, et nous interrogeons les gens du pays que nous trouvons sur le passage de l'armée. Nous rencontrons bientôt des hommes de son régiment, nous nous serrons la main, il cache mal ses larmes, et nous nous séparons...

Je ne l'ai jamais revu depuis, mais il me semble que je le reconnaîtrais entre mille. C'est un mobile du 75e de Loir-et-Cher (1).

*
* *

La terre est très dure, la marche de l'infanterie se fait à travers champs ; on laisse les routes à l'artillerie. Les hommes sont très fatigués, ils n'ont rien pris depuis le matin ; la marche devient lourde ; il est neuf heures passées lorsque la colonne s'arrête pour coucher. Nous sommes dans le bois de Bucy-Saint-Liphard, au Sud de la forêt de Montpipeau, près de Huisseau-sur-Mauves.

Tout contribue à rendre le repos difficile. On donne l'ordre de camper : mais la terre était gelée ; et les hommes n'avaient pas la force de la briser pour y enfoncer leurs piquets. Les uns s'enveloppent des toiles de tentes ; les autres les accrochent aux arbres pour s'en faire un abri. On se presse les uns contre les autres pour trouver un peu de chaleur qui favorisera le sommeil.

« Le commandant, dit le *Journal d'un Officier du 1er Bataillon*, reste avec nous. Presque tous les officiers du régiment étaient blottis le long d'un fossé où l'on était parvenu à allumer un feu de bois vert, qui ne brûlait point et dont la fumée aveuglait. Nous étions transis de froid et tombions de fatigue.

« Cependant, il fallait se garder ; l'ennemi nous suivait de près, menaçant les convois et ramassant les traînards.

« Pendant une partie de la nuit, la canonnade retentit sur Orléans. De temps en temps, une sourde détonation se faisait entendre. C'était la grosse voix des pièces de marine qui défendaient la ville et allaient bientôt être encloußes.

(1) *Un Régiment de l'Armée de la Loire*, p. 161-162.

« Au matin du 5 décembre, on apprit l'occupation de la ville et la retraite d'une partie de l'armée au-delà de la Loire.

« On se remit en route sans avoir mangé ; nos provisions étaient épuisées ; depuis la veille au matin, on n'avait presque rien pris. On marcha en bataille toute la journée. Vers 3 heures, la fatigue devint intolérable. Je mordais un méchant bout de biscuit, dur comme la pierre, avec un petit reste de fromage de gruyère, qu'un moblot me donna. Les hommes suivaient péniblement. Derrière nous, des soldats de toutes armes étaient éparpillés dans la plaine, traînant leur misère et semblant inviter la cavalerie ennemie à les cueillir. A la fatigue, se joignait une soif ardente qu'on essayait d'apaiser en suçant les petits morceaux de glace ramassés dans l'ornière des chemins (1). »

Enfin, près de Lorges, on s'arrêta. Avant d'autoriser l'installation du camp sur la terre gelée, le général Bourdillon, à cheval, commanda un alignement de brigade dans toutes les formes prescrites à l'école du régiment.

Le 6 décembre, on stationne toute la journée et l'on quitte Lorges, à 6 heures du soir, pour prendre la direction de Beaugency. On s'arrête à Villorceau. Le régiment est cantonné dans le village ; les hommes couchent dans des granges et y trouvent un repos qui leur est inconnu depuis un assez grand nombre de jours.

Nous apprenons que le général d'Aurelle de Paladines n'est plus général en chef ; son armée de la Loire est dissoute. Les troupes de la rive gauche sont réunies sous les ordres du général Bourbaki, celles de la rive droite sous ceux du général Chanzy.

Cette dernière armée porte dans l'histoire le nom de *Deuxième Armée de la Loire.* Elle se composait des 16e, 17e et 21e corps et comptait à peu près 75,000 combattants.

Les Allemands lui opposèrent les forces combinées du

---

(1) *Journal d'un Officier du 1er Bataillon.*

prince Frédéric-Charles et du duc de Mecklembourg, s'élevant à environ 50,000 soldats aguerris.

Le 6 décembre, le prince Frédéric-Charles pouvait écrire la dépêche suivante : « Nous avons entre nos mains 77 pièces de canons, 10,000 prisonniers non blessés et nous continuons à poursuivre l'ennemi. »

De son côté, M. Gambetta faisait publier dans toute la France :

« Je suis informé que les bruits les plus alarmants sont répandus sur la situation de l'armée de la Loire. Démentez hardiment toutes ces mauvaises nouvelles. Vous serez strictement dans le vrai en affirmant que notre armée est, en ce moment, dans d'excellentes conditions, que le matériel est intact ou renforcé, et qu'elle se dispose à reprendre la lutte contre l'envahisseur. »

Hélas ! l'ennemi n'avait que trop raison.

* *

A la hâte de la marche des Allemands, les efforts que l'ennemi allait tenter contre l'armée de la Loire n'étaient plus douteux. Il fallait se préparer à y répondre.

Chanzy va sauver « du moins l'honneur par une de ces retraites qui usent l'ennemi, le harcèlent, l'énervent, l'exaspèrent, parfois reprenant l'offensive, parfois se contentant de la défensive et faisant payer cher le moindre oubli de vigilance, une témérité, une présomption (1) ».

Du 7 au 10 décembre, appuyé comme un lion traqué à la Loire et à la forêt de Marchenoir, le brillant général jette parmi les Allemands une surprise épouvantable.

Son grand quartier général est à Josnes ; et celui du 16ᵉ corps, commandé par Jauréguiberry, à Villorceau, en avant de Josnes et de Beaugency ; c'est là que cantonne le 75ᵉ mobiles.

(1) Chanoine Augereau, le 16 décembre 1895, à Vendôme.

L'Allemand fera des efforts énergiques et violents pour percer nos lignes, frappant droit devant lui, sans combinaisons tactiques et sans manœuvres, comme un taureau furieux qui cherche à enfoncer un obstacle. Il compte sur sa cohésion et sur son nombre pour venir à bout de troupes qu'il croit démoralisées et sans consistance.

Quoiqu'il en soit, la défense des lignes de Josnes est l'épisode à la fois le plus instructif et le plus glorieux de la guerre en province (1).

Le 7 décembre, le régiment est tranquille jusqu'à trois heures du soir. Alors commence une marche pénible dans la direction de Messas, où le canon tonne depuis midi. On marche à travers les champs de vignes où l'on s'embarrasse dans les sarments et les échalas.

Chaque bataillon était en soutien d'une batterie. Les mobiles se couchent en avant de Messas et plusieurs heures se passent à écouter le bruit formidable de la bataille, à suivre le vol bruyant des obus, à compter les balles qui faisaient voler en éclats les échalas.

On revient le soir coucher à Villorceau sans tirer un coup de fusil.

Ce combat, auquel nous n'avons participé que de loin, porte le nom de Foinard, village à droite en avant de Messas.

Il fit constater au grand état-major allemand que ses troupes allaient avoir affaire à des masses « en état de soutenir la lutte et d'opposer une résistance très vive (2). »

*
* *

Le 8 décembre, le jour se lève presque aussi gris, aussi triste que la nuit. Le sol est dur et glissant. La

(1) Commandant Rousset, *Histoire Générale de la Guerre Franco-Allemande*, t. IV, p. 253.
(2) *La Guerre Franco-Allemande*, 2ᵉ partie, p. 648.

neige nous glace et l'idée d'être couchés là pour ne plus se relever, fait malgré nous passer un frisson dans le dos.

Les fermes et les hameaux où l'on se bat tranchent seuls par leurs teintes sombres sur ce blanc manteau. Ils semblent déserts : beaucoup d'habitants ont fui, soit dans la forêt de Marchenoir, soit dans la direction de Blois, d'autres ont cherché un refuge dans les caves ; le reste, plus brave, n'a pas bougé et ne marchandera pas son dévouement à nos soldats.

Dès le matin, il semble que les récents combats ont chassé tous les êtres vivants et fait de cette plaine une immense nécropole. La vie ne doit se révéler que vers midi, par le jeu formidable des instruments de mort.

Le 75e est à bout de forces. Pourtant il fallait combattre encore. Le nombre des hommes et des officiers, décimés par le feu et la maladie, diminuait chaque jour. Vêtus de haillons, peu nourris, presque pieds nus, les mobiles, sac au dos, sous une neige froide et pénétrante, attendirent longtemps des ordres.

On partit en avant, dans une direction intermédiaire, entre le Mée, à gauche, et Vernon, à droite, pour garder de nouveau l'artillerie qui tonnait avec rage.

Les deux premiers bataillons ne furent qu'à peine mêlés à la bataille, étant trop éloignés pour se servir utilement de leurs fusils.

Les tambours et clairons du 2e bataillon étaient réunis derrière un énorme tas de fumier. Au bruit du canon, ils devisaient gaiement, attendant les événements.

Tout à coup, un boulet tombe au milieu de cette joyeuse compagnie, et voilà tous ces braves renversés et culbutés dans toutes les directions. Quelques-uns se relèvent, et, à travers la fumée, ils voient, dans une mare de sang, un amoncellement hideux de corps palpitants, de membres broyés, de chair humaine projetée dans toutes les directions. C'est ce qu'en mécanique militaire, on nomme le *rendement du boulet*, effet complet de cette belle invention de notre âge, l'obus à fusée percutante (1).

Le caporal Guibert, de Sainte-Gemmes, a les deux jambes brisées. Deux camarades l'emportent dans une toile de tente. « As-tu ton couteau ? demande Guibert à l'un d'eux avec le plus grand calme, en désignant ses pauvres jambes qui, retenues par quelques tendons, ballotaient en tous sens : « Prends-le, et coupe-moi cela, ça me fait mal et ça me gêne. » Ces paroles textuelles m'ont été rapportées par un témoin de cette scène (2).

J. Briais, d'Orchaise, marié et père d'une jeune enfant, est grièvement blessé à la cuisse. Il tomba au pouvoir de l'ennemi et fut compté au nombre des disparus.

Pendant la nuit, des mobiles de bonne volonté transportaient les blessés. Labbé, de Vineuil, l'un des tambours victimes de la boucherie que nous venons de raconter, disait à ceux qui le soulevaient : « Mes amis, je vous en prie, mettez-vous deux pour m'enlever, car j'ai la jambe complètement coupée par un obus qui a tué 4 ou 5 camarades (3) ».

Un mobile qui avait laissé ses deux jambes sur place disait au sergent Atry : « N'approche pas si près, tu vas me faire mal aux jambes. » Puis il ajoutait : « Que dira ma pauvre mère ? » C'était sa seule plainte.

Il est regrettable de ne pas connaître le nom de ce brave cœur qui plaçait la douleur de sa mère avant la sienne. C'était peut-être le caporal Guibert, qui n'expira que le surlendemain, sans que son énergie et sa magnifique résignation lui eussent fait défaut un seul instant.

Deux sergents du 1er bataillon, dont Jules Desroches, avaient aussi été blessés sans tirer un coup de fusil.

(1) L'obus à fusée percutante est celui qui éclate au but de sa course en touchant un objet résistant.
(2) Baron DE MARICOURT, *La Mobile de Vendôme*, p. 46.
(3) F. Habusseau.

Le 3e bataillon était rangé dans un pli de terrain formant, sur deux kilomètres, entre le Mée et Villorceau, un enfoncement d'une dizaine de mètres de profondeur.

L'artillerie, qu'il protège, se place en arrière sur la crête. L'artillerie ennemie, bien supérieure, lui répond, et ses projectiles vont, par-dessus le bataillon, éclater sur le mamelon.

Nos canons sont obligés de se retirer, et alors les obus prussiens fouillent le terrain. Le commandant de la Vingtrie forme son bataillon en colonne, il le dirige tantôt en avant jusqu'à la limite du ravin, tantôt en arrière jusqu'aux premières maisons de Villorceau, le maintient toujours défilé de la vue de l'ennemi et hors de l'atteinte des projectiles, que celui-ci dirige régulièrement sur tous les points du terrain où il nous soupçonne.

Plusieurs heures se passent à ce mouvement de navette. Les projectiles ennemis arrivent maintenant à Villorceau et y allument des incendies. Le commandant du 3e bataillon reçoit l'ordre de se porter en avant, et de soutenir les troupes engagées devant lui. Il est près de trois heures. Le commandant de la Vingtrie reporte le bataillon dans le pli de terrain où il était d'abord, le déploie et le met vivement en marche, pour gravir le versant droit de la colline et franchir le sommet où la lutte est très vive.

Arrivé sur le plateau, le bataillon a devant lui le village du Mée, occupé par les Prussiens et attaqué par le 33e mobiles (Sarthe). Le commandant de la Vingtrie a son cheval blessé ; il déploie ses hommes en tirailleurs et les porte en avant. On arrive ainsi, sans tirer, jusqu'au 33e, auquel on se mêle, d'où résulte un peu de confusion. Un bataillon de la Sarthe vient d'atteindre les premières maisons du village et agite son drapeau ; le 39e de marche, qui n'a pas vu ce signal, tire toujours, et enfin les Prussiens qui occupent le village, tirent des maisons. Il y a danger visible de se fusiller entre soi, les uns les autres.

Un appel de clairons remet bientôt l'ordre, en indiquant au 39⁰ le point que nous occupons. On se rejoint, il est environ trois heures et demie.

Les munitions commencent à manquer.

On commande : « A la baïonnette ! »

Cet étrange et poignant concert de l'infanterie française qui fait trembler les champs de bataille sort à la fois de toutes les poitrines : « En avant ! A la baïonnette ! ». Le hourra prussien, les cris de rage, le chant de triomphe et le désespoir de la mort se confondent ensemble.

Dans ce combat furieux, il fallut emporter chaque maison d'assaut. Enfin, le village entier nous appartient, et l'on y fait une centaine de prisonniers.

Le 3⁰ bataillon comptait 4 tués et 23 blessés.

Il pensait coucher au Mée, sur la position conquise, lorsqu'il reçut l'ordre de reprendre le cantonnement de la veille à Villorceau, où les trois bataillons couchèrent pour la dernière fois.

Voici comment Bulot raconte la prise du Mée :

« L'ordre arriva de marcher en avant, et, sans attendre le bataillon, un sergent, à la tête de dix-huit hommes, s'élança tête baissée, la baïonnette au canon, sur le village du Mée, d'où partait un feu très vif de tirailleurs.

Je ne crois pas exagérer en disant que cet acte là était héroïque ; cette poignée de mobiles était complètement seule, et elle eut à subir la résistance désespérée des Prussiens attardés dans le village.

Comme tout le régiment, ils étaient pieds-nus, vêtus de guenilles, et c'était un beau spectacle de les voir poursuivre, la baïonnette dans les reins, ces gigantesques Prussiens, équipés de pied en cap, gros chacun comme trois des nôtres.

Dans une grange, à l'angle d'une rue, un officier et une vingtaine d'hommes s'étaient retranchés : à travers les trous du bois, ils balayaient de balles la rue dans sa largeur. Les mobiles, arrêtés derrière l'encoignure, n'osaient la franchir : le sergent qui les commandait se jeta à plein corps sur la porte ; ses hommes, exaltés de ce courage, en firent autant, et, en un clin d'œil, le contenu de la grange fut tué ou fait prisonnier.

Alors seulement arrivèrent le 3e bataillon du 75e et le 33e (1). »

Le soir, les incendies allumés par les Prussiens éclairent le champ de bataille. Les moulins surtout excitent leur rage qui s'assouvit en les livrant aux flammes.

*
* *

Le général Camô, qui occupait Beaugency, avait à garder fortement Vernon et Messas. « Mais sur un ordre télégraphique du ministre de la guerre, confirmé verbalement par un capitaine du génie envoyé de Tours, ce général crut devoir dégarnir les positions qui lui avaient été assignées en avant de Beaugency, pour occuper le plateau (2) situé en arrière de la ville et sur lequel il fit commencer des épaulements pour des batteries (3) ». A la nuit, une troupe mecklembourgeoise, se glissant le long de la rive gauche de la Loire, occupa la ville abandonnée. Cet incident compromit le succès de la journée et força, le 9 au matin, l'amiral Jauréguiberry à rectifier ses positions en reportant sa ligne de combat en arrière de Beaugency, vers Tavers.

Ce mouvement dangereux fut exécuté par échelons et avec beaucoup d'ordre.

Dans la matinée, le régiment était de nouveau aligné dans Villorceau.

Les mobiles du 1er bataillon s'étaient emparés d'un che-

---

(1) Bulot, *Le 75e Mobile*, p. 112-113.

(2) Ce plateau lui était signalé de Tours comme étant « la clef de la forêt de Marchenoir ».

(3) Chanzy, *La Deuxième Armée de la Loire*, p. 135.

val prussien. Ils l'offrirent au capitaine Malzy qui remplaçait depuis le 2 décembre le commandant Clauzel.

Le cheval était petit ; le capitaine sec et assez grand.

Peu cavalier, notre capitaine, « sang-bouillant, dit un mobile, avait l'air sur sa bête d'une pincette en balance ».

Armé d'un fourreau de sabre-baïonnette en cuir au lieu de cravache, il passait volontiers au moment du feu, entre les mobiles et les Prussiens, de long en large, en disant gaîment : « Voyez, ces balles ne tuent pas, j'ai une baguette magique pour me protéger. »

Vaillant officier, soldat de l'ancienne armée française, il se plaçait, à la bataille, dans tous les endroits dangereux. Il ne fut jamais blessé.

A midi, le 75ᵉ mobiles quitta Villorceau et se dirigea parallèlement à la route de Beaugency à Mer, pour prendre sa place de combat en arrière du ravin de Tavers.

Ce ravin est perpendiculaire à la route ; il a une longueur de près de 3 kilomètres et il forme un fossé large et profond. Le 16ᵉ corps est déployé face au Nord, sur le revers Sud du ravin. La brigade Bourdillon est à la gauche de la ligne, le centre de la brigade appuyé à la ferme du Grand-Mézian ; comme il est possible que l'ennemi cherche à opérer par sa droite, pour essayer de tourner le ravin, le régiment est encadré entre une batterie d'artillerie à droite et une batterie de mitrailleuses à gauche. Le 75ᵉ a sa droite appuyée aux bâtiments mêmes de la ferme, et sa gauche à la batterie de mitrailleuses. L'ordre est de tenir à outrance ; on y est habitué depuis quelque temps (1).

Le ravin de Tavers est connu dans le pays, à cause de sa végétation, sous le nom de Ravin des Buis. Pour la Mobile, c'est *le Ravin ou la Vallée des Balles.*

____

(1) Lieutenant-colonel DUMAS, *Historique des Mobiles de Maine-et-Loire,* p. 150.

Íl s'y trouve quelques vignes, des touffes de buis, de grosses pierres.

Dans le but de reconnaître la position des troupes ennemies, on envoya en reconnaissance un détachement des volontaires arabes dont nous avions déjà admiré l'intrépidité, le 4 décembre, dans la retraite de Patay.

« Les cavaliers indigènes s'élancèrent, au triple galop, dans le ravin escarpé, où leurs petits chevaux bondissaient avec une sûreté de pied incroyable, au milieu des pierres et des trous, malgré la pente effrayante du terrain.

Toute cette cavalerie s'abîma, en un clin d'œil, dans la vallée comme dans un gouffre ; quelques secondes après, ils reparaissaient sur le versant opposé, dispersés en fourrageurs, gravissant la côte avec la même fantastique vitesse.

Arrivés sur la crête tous en même temps, ils firent halte.

On voyait de loin la fière silhouette de ces sauvages enfants du désert, qui, impassibles sous les obus prussiens, accomplissaient leur mission avec un sang-froid tout fataliste, abandonnant les plis de leurs burnous écarlates aux rafales du vent d'hiver.....

La reconnaissance terminée, les Arabes revinrent vers nous, laissant derrière eux deux ou trois victimes. »

A notre arrivée dans le ravin de Tavers, l'amiral Jauréguiberry avec son escorte passa sur le front des troupes en criant : « Halte, halte ! Il faut défendre le ravin à tout prix, coûte que coûte ».

Aussitôt les troupes s'arrêtent et font face à l'ennemi. Il est environ trois heures.

Deux compagnies sont déployées en tirailleurs, et nous nous avançons de quatre ou cinq cents mètres jusqu'au fond du ravin. Nous nous préparions à remonter, croyant avoir encore des Français devant nous, quand tout à coup des masses de Prussiens nous apparaissent à cent mètres. A notre vue, ils poussent des hourras sauvages.

Ce doit être la fin de la Mobile.

Nous nous embusquons au fond du ravin, derrière de grosses pierres, pour tirer à l'abri.

Notre corps d'armée placé en bataille en arrière, sur la crête que nous venons de quitter, ouvre des feux de peloton.

A gauche, un crépitement significatif se fait entendre. C'est le jeu du *moulin à café*, de la mitrailleuse, bien placée, à bonne distance, qui fauche la colonne prussienne et y produit un effrayant ravage (1).

RAVIN DE TAVERS
Dessin de M. l'abbé Gatellier

(1) La mitrailleuse ne répondit pas à la renommée mystérieuse qu'elle possédait avant la guerre. Trop délicate et d'une portée restreinte (1,800 mètres), ce n'était qu'un joujou en face des batteries prussiennes.

On l'aimait cependant et telle était la légende, qu'elle exerçait une influence magique sur le moral des soldats. Au *Ravin des Buis*, elle sauva nos moblots d'un désastre,

Hommes et officiers tombent sur une seule ligne; ils sont littéralement fauchés.

« Notre artillerie et nos tirailleurs, dit Chanzy, furent prompts à répondre, les bataillons prussiens, pris d'écharpe par nos mitrailleuses, étaient décimés, mais se reformaient et s'augmentaient constamment de nouvelles troupes qui apparaissaient sur la crête. Ils continuaient à s'avancer avec la plus grande bravoure..... La brigade Bourdillon ouvrit alors des feux d'ensemble qui les arrêtèrent de front » (1) pendant que la deuxième brigade les prenait de flanc.

Tout le monde était absolument déterminé ; « on est calme, on vise bien et l'on fait des trouées énormes dans les rangs de l'ennemi. La lutte d'artillerie dure jusqu'à neuf heures du soir ; c'est un véritable spectacle pour l'infanterie que de voir les incendies allumés par la bataille et de suivre en l'air la marche des obus à fusée enflammée » (2).

« J'étais, dit le sergent Lebatard, dans le ravin, les Prussiens devant nous, très près, les mitrailleuses, derrière. Les balles ennemies et celles des mitrailleuses passaient par-dessus nos têtes. On eût dit un essaim d'abeilles qui s'abattait sur nous. Pris entre deux feux, nous ne pouvions ni avancer, ni reculer.

« Je reçois une balle en pleine poitrine, qui se contente de percer mon bidon rempli de vin rouge. A la vue du liquide qui coule vermeil, le capitaine de Beaucorps me demande si je suis blessé. Un peu ému, je me tâte et constate que l'apparence est plus grave que le mal. »

Nous n'en avions pas moins échappé à l'un des plus graves périls qu'ait jamais couru le 75e.

Nos mobiles, excités par la poudre, sont absolument hors d'eux-mêmes après ce contact prolongé avec l'ennemi.

Le soir, en voyant des Prussiens s'installer avec un dra-

---

(1) Chanzy, *La Deuxième Armée de la Loire*, p. 151.
(2) Lieutenant-colonel Dumas, p. 151.

peau dans une ferme voisine, une quinzaine d'entre eux forment le projet d'aller les enlever. Tout convenu, on fait demander l'autorisation au quartier. « Malheureuse idée et grand désappointement, dit l'un d'eux dans ses notes, car on nous empêcha de mettre ce projet à exécution. »

Ces audaces ne se demandent pas, elles s'accomplissent aux risques et périls des braves qui osent.

Tel le lieutenant de Chabot, aujourd'hui général, chargé en juillet 1870, d'une reconnaissance avec quelques cavaliers, apprend qu'un parti ennemi assez nombreux est installé dans une ferme, sans se garder avec soin.

Régulièrement, il aurait dû se replier et porter à son général ses informations. Pas du tout ; il avance avec précaution jusqu'à la ferme, tombe avec ses hommes sur l'ennemi, le surprend sans armes et tue lui-même un officier qui déjeune, pendant que ses cavaliers sabrent ce qui résiste. Le reste se rend.

Pareils coups doivent réussir.

Celui de nos mobiles avait des chances de succès. Plus les armes sont perfectionnées, plus les combats de nuit et à la baïonnette sont opportuns.

Les pertes du régiment, légères en proportion du danger couru, étaient cependant encore sensibles. On eut la consolation de ramasser les blessés.

Le mobile Charles Rondeau, de Mont, s'y employait avec d'autres. Arrivé dans le ravin, en pleine obscurité, il veut relever un homme, lui disant : « Et toi, es-tu blessé ? »

L'homme se redresse tout seul et cherche à enlever le fusil de Rondeau.

C'était un Prussien.

A coups de pieds, à coups de poings, les deux hommes se disputent le fusil. Mais voici qu'un troisième individu se lève. C'est encore un Prussien. Rondeau appelle au secours.

Un camarade arrive et tue le premier ennemi d'un coup de fusil à bout portant. L'autre prend la fuite.

Plusieurs coups de fusil tirés sur ce fuyard mettent en

émoi toute la petite troupe, occupée à ramasser les blessés. On le perd dans le trouble survenu si inopinément.

Parmi les blessés, Goureau, de Nouan-sur-Loire, avait été frappé d'une balle en pleine poitrine et en mourut. C'est ce jour-là aussi que fut blessé le sergent-major Desroches.

Juneras, aussi de Nouan, fut plus heureux. Il avait reçu dans l'estomac, du côté droit, une balle qui lui traversa le corps. Quoiqu'il crachât le sang et fût convaincu comme tous les camarades, qu'il ne survivrait pas, il s'est parfaitement rétabli.

*
* *

Voilà ce qu'un général comme Chanzy avait su faire de ces débris d'une armée battue, en butte sans trève ni merci à toutes les misères qu'entraîne la défaite et épuisée par les privations et la rigueur du plus terrible des hivers.

Le 10, le 75ᵉ passa tranquillement la journée sur ses positions et l'amiral Jauréguiberry, voyant ce qu'il en reste, pourra dire : « *J'en ai encore pour deux fois de ces Casquettes Blanches* ». Il en aura pour toutes les batailles jusqu'à la fin de la guerre, car le 75ᵉ est de toutes les fêtes.

Hélas ! l'ennemi nous tournait par derrière et s'approchait de Blois, dont le pont sauta dès sept heures du matin.

Le lendemain eut lieu un commencement de bombardement. Mgr Pallu du Parc envoya M. Doré, vicaire général, et M. Venot, secrétaire de l'évêché, à la préfecture. « Ils y trouvent M. Gambetta et lui disent qu'ils viennent de la part de l'Évêque malade, conjurer de parlementer pour faire cesser le bombardement. M. Gambetta répond : « Veuillez dire à Monseigneur que nous prendrons en considération la demande du vénérable prélat : mais l'affaire se traite en Conseil de guerre dans ce moment même et tout dépendra de la décision qui sera prise ».

« Après quelques instants de délibération, il est décidé qu'on se défendrait à outrance, dût la ville tout entière être mise en cendres. Cela dit, M. Gambetta prend le chemin de fer pour Bordeaux (1) ».

(1) Mgr Pallu du Parc, *Journal de l'Occupation Prussienne*.

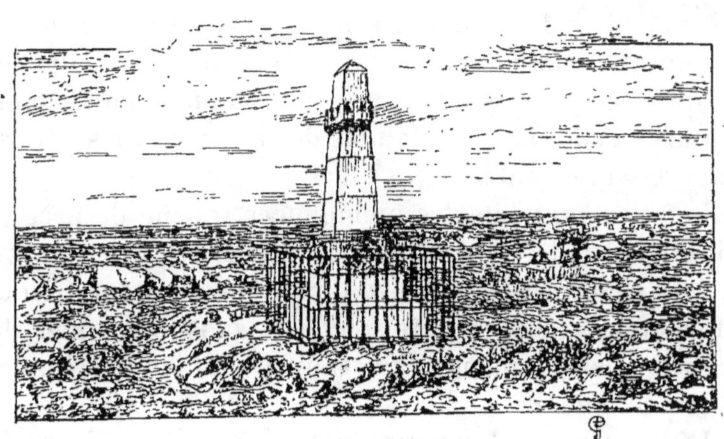

VENDOME

u champ d'honneur, le mouvement, la gloire, l'exaltation, le patriotisme soutiennent le combattant et l'élèvent bien souvent jusqu'à l'héroïsme.

Les mobiles de Loir-et-Cher y firent bonne figure. Il faut maintenant les suivre à l'ambulance, et puisque l'ère des combats est interrompue pour quelques jours, écoutons les plaintes des blessés et les gémissements des mourants.

L'aumônier qui visite les ambulances touche de près le travail de Dieu dans les âmes. Des profondeurs de son cœur, le peuple français sait se donner sans ostentation et sans forfanterie. Ses enfants souffrent sans demander la souffrance, mais, puisqu'il faut souffrir, ils le font simplement et noblement.

Pie IX a dit qu' « il est aussi naturel à un vrai Français de se dévouer et même de donner sa vie qu'à un autre homme d'aller à ses occupations quotidiennes. Cela lui paraît simple, il le fait sans efforts. »

Cette parole vraie sur le champ de bataille, l'est encore plus à l'ambulance où l'excitation tombe, où la douleur lancinante use peu à peu l'énergie et l'enthousiasme.

Cependant, que de traits sublimes, que de dévouements ignorés, que de sacrifices héroïques ont été accomplis dans ces églises pleines de blessés et de mourants, dans ces écoles où le gémissement de l'homme succède au rire de l'écolier, dans les granges, dans tous les hôpitaux improvisés, et pour tant d'autres, dans la neige, dans la boue, sur la terre nue et sèche, au fond d'un fossé, dans la plaine ou au coin d'un bois !

Le nom de ces victimes est ignoré parmi nous, mais les anges l'ont inscrit au livre de vie et leur mort attirera sur leurs familles et sur leur pays la miséricorde de Dieu.

Pauvres enfants ! Les moindres services qu'on leur rendait attiraient sur leurs lèvres des paroles émues, des remerciements exprimés avec une gratitude touchante.

Les jours les plus douloureux dans les ambulances furent les 2, 3 et 4 décembre. Partout du sang, des cadavres, des blessés, des mourants et une lamentable insuffisance dans les secours.

Il est cependant des morts plus terribles que les autres. Le 3 décembre au matin, Louis Doron, déjà blessé, reçoit au ventre la balle d'un remington par l'imprudence d'un camarade. Le corps est traversé de part en part et les intestins crevés. C'est la mort dans les vingt-quatre heures.

Ces plaies sont douloureuses et laissent au patient toute sa connaissance. Il en profite pour recevoir les sacrements et pardonner à celui dont la maladresse lui coûte la vie.

*
* *

Le service médical était fait, pour le 1ᵉʳ bataillon, par le docteur Billaut, officier de santé, ancien médecin de marine et, pour le 2ᵉ, par le docteur Ansaloni, alors étudiant de troisième année, promu au grade d'aide-major de deuxième classe.

Mon matériel d'ambulance, dit celui-ci, était réduit à une simplicité excessive : ma trousse d'étudiant, un sac contenant 55 bandes avec de la charpie et du linge, 55 paquets de sulfate de quinine et d'ipéca et des pilules d'extrait d'opium.

C'est à Binas qu'il soigna ses deux premiers blessés. Dans une reconnaissance, les mobiles ayant tiré sans ordres sur quatre uhlans, deux hommes tombèrent. Malheureusement ce ne furent pas les uhlans, mais deux pauvres moblots. L'un avait reçu au sommet de la tête une balle de son camarade qui était placé derrière lui et l'autre s'était trouvé mal à la vue du sang qui coulait de la blessure qu'il avait occasionnée.

A quelque temps de là, cantonné à Morée, le major Ansaloni fut appelé pour un lancier qui, en écoutant l'explication d'un camarade sur le maniement de son révolver, avait reçu une balle dans l'épaule ; après son pansement, le médecin réprimande le maladroit. Celui-ci, légèrement ému, cherche à s'excuser et veut démontrer comment l'accident est arrivé. En expliquant la chose, il fit partir de nouveau son révolver et la balle passa entre les jambes du docteur.

A Coulmiers, les secours étaient tellement insuffisants qu'il resta deux jours et deux nuits avec une trentaine de blessés sans qu'on vînt à son aide.

Le duc de La Rochefoucauld avait fait don d'une jument au médecin attaché aux mobiles du Vendômois. Elle échut par conséquent au major du 2⁰ bataillon.

Cocotte était une bonne bête, d'une douceur sans égale, comprenant parfaitement la tâche qui lui était dévolue. Elle semblait ne pas appartenir au docteur, mais à tout le bataillon. Elle porta souvent sur son dos, jusqu'à deux ensemble, les malades et les hommes fatigués dans les marches. Elle était conduite par le mobile Lucien Blanchard, qui secondait de son mieux le docteur et ses infirmiers.

Comme les mobiles cantonnaient à Morée, le majar Ansaloni s'en allait un jour sur sa bête visiter les malades à Moisy ; il fut surpris, à la jonction des routes de Blois à Châteaudun et d'Orléans au Mans, par une patrouille ennemie. Cocotte n'hésita pas, elle prit le galop et emporta son cavalier à travers champs jusqu'à Morée pour prévenir le colonel, qui fit tenir aussitôt ses hommes sur la défensive.

Après les combats de Faverolles et de Loigny, le docteur Ansaloni se multiplia au secours des blessés, et bon nombre de mobiles doivent la vie à ses soins empressés. Il eut beau faire, sa jeunesse, son zèle, son activité ne purent suppléer au manque de toutes choses.

Au 3e bataillon, les soins médicaux étaient beaucoup mieux organisés. De plus, Mgr Freppel, évêque d'Angers, avait pris l'initiative de la formation de comités pour l'organisation d'ambulances spéciales aux corps combattants de Maine-et-Loire.

Le comte d'Onsenbray et le docteur Soubise, assistés de jeunes abbés et d'internes des hôpitaux de Paris, dirigeaient l'ambulance attachée à nos camarades de Maine-et-Loire et leur rendirent de grands services pendant toute la campagne.

* *
*

Les faits suivants, recueillis dans les souvenirs des camarades, diront assez où et comment furent soignés les mobiles du 75e, malades ou blessés.

Disons d'abord qu'un certain nombre d'entre eux furent longtemps malades après la guerre. Quelques-uns, dit Ernest Chaillou, recouvrèrent la santé, mais d'autres moururent après des mois, ou même des années de souffrances. Ainsi, Levé Adolphe, de Villeromain, a traîné une vie misérable pendant 5 à 6 ans, sans pouvoir se remettre au travail jusqu'à sa mort. Son ami Guétrot Auguste, de Périgny, ne succomba qu'en 1881.

Dauvergne, de Tourailles, reçut dans la cuisse un éclat d'obus qui pénétra profondément dans les chairs. La blessure se cicatrisa ; cependant, le patient souffrait toujours. A la fin de janvier, un morceau de fonte de 200 grammes sortit de la plaie mal fermée. Il avait été blessé le 2 décembre.

Daridan-Tanvier, d'Orchaise, blessé au bras droit d'un éclat d'obus dans l'attaque contre Goury, quitte le champ de bataille et traverse Loigny déjà en feu. Là, font rage les balles et la mitraille. Redoutant d'être fait prisonnier, il gagne Faverolles où il rencontre Victor Lebaube, de Françay, blessé à la cuisse et porté à l'ambulance par des camarades.

On le panse sommairement. Lebaube et d'autres blessés sont dirigés en voiture sur Patay. Il les suit jusque-là.

Il en est séparé au milieu de l'inextricable réseau des quatre mille voitures qu'on évacue des environs de Patay et qui contiennent des vivres, des munitions et du matériel de réserve. Bien accueilli partout, il gagne Orléans et couche dans une ambulance. Le 4 au matin, un train l'emmène dans la direction de Tours.

Arrivé à Blois, il se dissimule dans la gare des marchandises et gagne le château où plus de 800 malades et blessés sont soignés. Il est reçu par des personnes notables de Blois, et M. de Montenay du Minhy prévient sa famille.

Daridan reçoit le lendemain la visite de sa femme et d'autres parents qui pleurent en voyant sa misère, sa barbe et ses cheveux longs, ses vêtements sales et déguenillés. Dans la nuit du 10 au 11 décembre, il est transporté par chemin de fer à Tours. Le trajet dure neuf heures. La ville était le rendez-vous de soldats de tous corps et d'aventuriers de tous pays.

Après des démarches infructueuses pour entrer dans une ambulance ou se faire nourrir par l'intendance, il obtient la permission de se faire soigner dans sa famille et revient à Orchaise.

La guérison de sa blessure est retardée, parce qu'il ne veut tenir son bras en écharpe pour ne pas révéler aux Prussiens, qui occupent le pays, sa qualité de blessé. Enfin, il est atteint de la petite vérole et manque de tout, de médecin, de bouillon, même de pain. A cette époque, l'ennemi fait une excursion à Orchaise et lui vole une partie de ses vêtements. Il a survécu.

Le sergent-major Fleury, blessé le 2 décembre à Loigny d'un éclat d'obus qui produisit une plaie profonde au bras gauche, passa la nuit dans les bergeries du maire de Patay. Le 5, il atteint Blois où il est soigné à l'ambulance. Dans la soirée, il reçoit l'ordre de partir pour Tours en chemin de fer. Le 6, il va à Angers, puis à Cholet, qu'il quitta en février pour aller à Nantes. Il rentrait à Mer le 15 mars, imparfaitement guéri. Du 8 au 28 décembre, il fut dévoré par une fièvre maligne, compliquée d'un érysipèle et d'un commencement d'infection purulente.

Denis Royau reçoit trois balles le 2 décembre : l'une dans la poche de son pantalon ; la seconde, qui se contente de traverser ses vêtements, dans la poitrine ; la troisième entre par derrière, sous l'épaule gauche, et va se loger par devant, dans les côtes. Elle y est encore en 1896.

Louis Crosnier reçoit dans la poitrine une balle qui lui traverse le corps et va mourir dans son sac. Il se porte bien après 26 ans.

Xavier Gobet, de Coulommiers, est blessé légèrement au bras entre Loigny et Goury. Il avance quand même, reçoit une balle dans la tête au moment de la retraite, tombe sur le champ de bataille et perd connaissance. Des infirmiers prussiens emportent le blessé qui reprend ses sens et se trouve, vers deux heures, un des premiers arrivés dans les cours du château de Goury.

Tous les combattants étaient engagés contre les nôtres, à l'attaque de Loigny ; les infirmiers restent seuls avec les blessés qu'on apporte de tous côtés. Il n'y a, dans la ferme et dans le château, que des femmes ; les hommes ont disparu.

Gobet est pansé avec soin et couché dans une grange avec un mobile de Mer. Le lendemain ils sont rejoints par les camarades Gentils, de Champigny, et Palgé, de Saint-Cyr, qui moururent tous les deux de leurs blessures à la fin de décembre.

Dans une bergerie, le sergent Massot, mobile de Vendôme, et un zouave pontifical, blessés le vendredi, restèrent abandonnés jusqu'au lundi soir. Ils n'avaient pu ni sortir, ni se faire entendre et croyaient mourir de faim et de fatigue, lorsqu'on les découvrit par hasard. Massot fut soigné par un docteur qui lui tira de la jambe une poignée de petits os. Il ne se remit qu'après des années de souffrances. Fiancé avant la guerre, il remit à plus tard ses projets de mariage. Malgré sa terrible blessure, celle qui lui avait donné son cœur ne lui retira pas sa foi et l'épousa comme s'il fût resté bien portant.

Adet eut la main gauche enlevée par un éclat d'obus et la jambe droite brisée. Il ne mourut que le lendemain, dans l'église de Loigny, après de longues et cruelles souffrances.

Pendant la retraite de Beaugency à Vendôme, les troupes fondaient, et comme les Prussiens menaçaient Blois et Mer, tous les blessés et malades étaient dirigés sur Vendôme.

Ludovic Halévy raconte ainsi un séjour qu'il y fit comme blessé et comme infirmier. Ce récit complétera ce qui a déjà été dit dans ce livre sur les ambulances, et nous n'y reviendrons pas.

« Il nous venait des blessés de partout, de Lorges, de Marchenoir, de Fréteval, de Josnes, de Saint-Laurent-des-Bois, etc. Ils arrivaient un à un ou trois à quatre, par petits groupes, tués de fatigue, se traînant appuyés sur des bâtons ; ils tombaient sur les trottoirs, devant les portes de Vendôme. On leur indiquait l'ambulance. Ils se relevaient alors et ils venaient jusqu'ici. Nous étions obligés de les porter dans les escaliers. Tous les uniformes étaient confondus. Le plus souvent, d'ailleurs, ces hommes ne savaient pas dire d'où ils venaient, où ils avaient été blessés, à quel corps d'armée ils appartenaient, quel général les commandait, etc.

« Il s'en trouvait qui avaient fait plus de dix lieues à pied, frappant à la porte de tous les hospices et refusés partout, faute de place. Pour la plupart, ils n'avaient ni sacs, ni couvertures. Beaucoup même n'avaient pas de souliers et arrivaient pieds nus, sur la glace et sur la neige. On en amenait aussi sur des charrettes. C'étaient des paysans qui, par charité, par complaisance, les avaient ramassés et nous les apportaient. Il ne nous venait pas seulement des blessés, il nous venait aussi beaucoup de varioleux : ils arrivaient avec de gros boutons qui leur faisaient des espèces de masques rouges sur le visage. Ils n'avaient plus figure humaine.

« Vers le 10 décembre, en une seule journée, nous avons reçu trois cent quarante blessés et malades ; c'était une procession de charrettes, qui n'a arrêté ni jour ni nuit, pendant les vingt-quatre heures...

« Avant de sortir les hommes des voitures, on les interrogeait, afin de savoir où ils étaient blessés, et s'il fallait les prendre par les bras ou le corps, pour leur faire le moins de mal possible. Il y en avait quelquefois qui ne répondaient pas. Alors, un des autres blessés de la charrette disait : « Ah ! le camarade... il y a un petit moment qu'il « ne parle plus, je crois bien qu'il est mort. » Et c'était vrai.

« .... Quelquefois, sur la même charrette, il y avait côte à côte un Prussien et un Français. Quand on s'approchait avec la lanterne pour les questionner, le Français répondait, mais le Prussien, ne comprenant pas, ne pouvait répondre, et le Français disait : « C'est un Prussien ». On prenait le Prussien et on le descendait. Il avait l'air inquiet et effrayé. Il croyait qu'on allait lui faire du mal, parce que beaucoup d'officiers prussiens racontaient à leurs soldats des histoires inventées sur les cruautés des Français ; on mettait les blessés prussiens à part dans une salle, et, naturellement, on les soignait aussi bien que les Français : alors ils étaient très reconnaissants, ils prenaient les mains des sœurs, ils leur disaient qu'elles étaient bien bonnes, etc., etc.

« Très souvent, pendant qu'on était en train de charger la petite carriole qui emportait les morts, il arrivait des charrettes de paysans qui apportaient des blessés ; on s'embrouillait presque dans les blessés qui arrivaient, et dans les morts qui s'en allaient. On essayait de faire parler un peu les blessés, ils répondaient tous la même chose : « Le froid... la misère... et puis trop de canons « chez les Prussiens. On ne voyait jamais les Prussiens. « On recevait leurs boulets et les obus... on ne pouvait « pas résister, et les Prussiens avançaient toujours... Ils « approchaient. Ils allaient bientôt arriver à Vendôme. »

« Ceux qui mouraient, le plus souvent, ne voyaient pas venir la mort. Ils étaient si épuisés de toutes les manières qu'ils n'avaient plus aucun sentiment de rien, lorsque la fin arrivait. Cependant, il y en a qui sont morts avec toute leur raison et tant de calme et de fermeté, qu'ils étaient presque beaux à voir mourir. »

*
* *

Revenons au 75°; il est toujours campé dans le ravin de Tavers.

Le 10, la bataille recommence à notre gauche, mais assez loin. Le régiment reste toute la journée derrière les faisceaux ; « on ne peut pas même prendre un repas, dit le lieutenant-colonel Dumas, faute de viande. Le fermier du Grand-Mézian refuse de livrer ses animaux et on respecte sa volonté : on ne réquisitionne pas ses bêtes, et cela pendant une bataille qui dure déjà depuis trois jours, pendant lesquels on a vécu de biscuit ! Dira-t-on que le 75° mobiles n'est pas discipliné ? »

« Non, mon colonel, dit Grenest, on ne dira pas cela ; mais on dira que le chef du régiment ne savait pas la première règle de son métier, qui était d'assurer des vivres à sa troupe.

« Ignorance de vos droits, méconnaissance des nécessités de la guerre, faiblesse envers l'habitant, voilà ce qu'on dira. Un tel fait est à rapprocher de ce que nous avons dit à propos de nos généraux faisant camper les soldats sous la pluie ou la neige, à côté des villages ou même en pleine rue, dans une ville comme Orléans. »

Les Allemands nourrissent leurs armées par l'habitant, toutes les fois que cela est possible. En pays ami, l'État rembourse. En pays ennemi, la nourriture du soldat devient une sorte d'impôt de guerre, dont les autorités militaires fixent elles-mêmes le prix.

Dans les endroits ravagés et épuisés, ils n'hésitaient pas à payer, et ne trouvaient que trop facilement des maquignons et courtiers pour leur procurer, à beaux deniers, les denrées nécessaires. Par tous les moyens, ils fournissaient à leurs soldats des vivres suffisants et un logement à sec.

Cette sollicitude nous a coûté cher et a été bien dure à nos populations pressurées, mais il faut avouer qu'elle fut le nerf du succès pour l'armée ennemie. Elle conserva la santé des soldats et ses forces matérielles et morales. « Quant on compare l'état misérable de nos soldats mal nourris, plus mal vêtus et bivouaquant par la neige et la pluie, sous un mauvais morceau de toile, à celui de leurs adversaires abrités dans les maisons et presque toujours très suffisamment pourvus du nécessaire, on ne peut se défendre d'un sentiment pénible, auquel s'ajoute le regret de tant de ressources, dédaignées par les premiers, et si largement utilisées par les seconds (1). »

Le 11, à dix heures du matin, la retraite est commencée sur toute la ligne, et l'on arrive, à trois heures de l'après-midi, au château de Beaumont, à trois kilomètres au Nord de Mer. Le 75e établit son camp dans un champ détrempé par la pluie.

Des soldats tout frais viennent du Midi. Ils se plaignent très fort d'avoir voyagé en chemin de fer pendant deux jours et ne sentent pas que leurs fatigues ne sont qu'un

(1) Commandant ROUSSET. *Histoire Générale de la Guerre Franco-Allemande*, T. IV, p. 15.

jeu d'enfant en face des nôtres. Ce nouveau régiment est placé aux avant-postes pour nous garder. Pendant la nuit, il fut surpris par l'ennemi et fait prisonnier tout entier.

Le 12, la pluie continue, et c'est par des chemins affreux, à travers les vignes et les terres labourées que les moblots traînent leur misère. Ils lèvent un pied, puis l'autre automatiquement, par accoutumance, et quand on marche bien, l'on fait deux kilomètres à l'heure.

Si par hasard, il faut traverser une route, c'est un soulagement inappréciable de secouer la terre attachée aux chaussures et de patauger dans la bouillie liquide qu'ont triturée les voitures et l'artillerie. Celle-là du moins n'est pas collante.

Il faut avoir marché en ordre de bataille, à travers les champs détrempés, pour connaître le poids de cette terre lourde et glissante qui s'attachait aux souliers, aux habits, à toute la personne de nos pauvres moblots. L'artillerie et les voitures suivaient les chemins défoncés. « Des cadavres d'hommes et de chevaux gisaient sans sépulture dans la campagne ; les villages regorgeaient de blessés auxquels les soins nécessaires faisaient défaut ».

Cette retraite si pénible, ces fatigues si cruelles, ces dangers si terribles, les mobiles devaient les supporter dans leur propre pays, à quelques kilomètres, quelques lieues tout au plus de la maison paternelle, d'un père, d'une mère, de la famille qu'il fallait abandonner à l'ennemi.

Et l'eau nous poursuit toujours. Au dehors elle tombe ; au dedans elle suinte. La toile des tentes en est imprégnée, l'uniforme en ruisselle, le sac en est plein, le fusil est rouillé ; le pain est en soupe, la boue, l'exécrable boue est partout ; et si l'on veut dormir, il faut se coucher dans cette pâte visqueuse, en attendant que la chaleur du corps l'attiédisse et en fasse une couche moelleuse.

Les distributions se font mal et la nuit seulement. Ce sont toujours les mêmes hommes, les plus valides dans ce qui reste, qui vont les chercher au loin. Le soir, le camp est dressé dans les marais près de Pontijou, « dans la boue jusqu'à mi-jambe, et sans paille (1). »

Le 13, vers sept heures, sac au dos et toujours déployés en colonne, les moblots prennent la direction de Selommes ; ils arrivent le soir à Sainte-Anne, près Vendôme, « et nous avons fait cette route sans vivres et par une pluie battante. Nous y sommes restés deux jours (2) ». Les mobiles campaient dans un vrai marécage (3).

« Depuis une semaine le ciel était bas, la pluie tombait glaciale, on eût dit que flottaient sur l'armée de longues tentures funèbres...

Ces charriots débordants de blessés, nos officiers silencieux d'un silence de torture, nos soldats livides, véritables spectres, ployés en deux par la fatigue, le visage ravagé, leurs uniformes pantelants, brûlés de poudre, souillés de boue, tout ce rassemblement de misères où se révélait sublime le surmenage dans l'héroïsme et dans la résignation, c'était la France si malheureuse, le sein déchiré, un tronçon d'épée à la main, debout, résolue à mourir, face à l'ennemi (4) ».

*
* *

Vendôme, entrecroisement de routes d'une grande importance, fut, pendant quelques jours, le centre et l'appui principal de l'armée de la Loire.

(1 et 2) Lebatard, Guérin.

(3) L'armée de la Loire courait l'un des plus graves dangers auxquels elle eût encore été exposée. Blois, abandonné dans la soirée du 12 décembre, pouvait donner passage au 10e corps de l'armée ennemie, qui rôdait sur la rive gauche de la Loire. Si l'ennemi nous avait précédés à Vendôme, l'armée de la Loire disparaissait dans un désastre comparable à celui de Sedan.

Il n'en fut rien. L'ennemi indécis ignorait la direction exacte de notre retraite et redoutait un retour offensif.

(4) Chanoine Augereau, 16 décembre 1895.

La 2ᵉ compagnie du 1ᵉʳ bataillon fut placée de grand'-garde en avant du camp. Le capitaine de Beaucorps, très aimé de ses hommes, répond d'eux. « Hélas ! dit Lebatard, il est une limite à la souffrance et à la résistance. Les uns après les autres, tous les mobiles de la compagnie, profitant de l'obscurité profonde, s'en vont chercher un abri dans un endroit sec.

« A la pointe du jour, le capitaine mécontent nous envoie en expédition faire la chasse à l'homme dans les bois voisins où les Prussiens sont signalés. Les habitants des environs nous reçoivent fort mal en nous traitant de fuyards. C'est en vain que nous leur faisons remarquer qu'un fuyard ne marche pas comme nous, lentement, dans l'attitude du chasseur prêt à faire feu à la vue du gibier. J'entre dans une maison où j'achète, pour 50 centimes, un petit morceau de pain à une femme qui affirme n'en pas avoir d'autre.

« Avant de partir, j'ouvre la maie et j'y vois sept grands pains de campagne. Elle refuse de m'en vendre car elle prétend les garder pour les Prussiens qui vont arriver. J'avais tellement faim que je mangeai mon morceau de pain avant de rejoindre mes camarades.

« Nous revînmes bredouilles, sans rencontrer ni Prussiens, ni Bavarois. »

Le 15 décembre une seule brigade, celle du général Bourdillon, devait rester sur le plateau du Temple avec trois batteries et deux mitrailleuses et occuper le petit château de la Chaise... Vendôme n'était plus le centre d'un vaste camp retranché, mais une simple tête de pont, facile à évacuer au besoin, si on ne pouvait se maintenir sur la rive gauche du Loir.

Chanzy, fidèle à sa tactique, jugeant que la défense de Vendôme coûterait trop de sang, résolut de se ménager une retraite honorable vers la Sarthe, en surprenant l'ennemi par un retour offensif qui fut exécuté sur Fréteval, dans la journée du 15.

Une colonne ennemie nous attaqua dans la soirée ; mais, reçue par le feu bien nourri des tirailleurs et criblée par les mitrailleuses, elle ne put continuer sa marche en avant ; à la nuit, elle se mit en retraite.

Le 75° s'était formé en colonne vers midi et avait traversé Vendôme.

Un placard ridicule était affiché dans la ville et distribué aux troupes, pour démontrer savamment que les Prussiens n'avaient que des baïonnettes « triangulaires, ancien système, ne produisant que des blessures peu graves et très rares... ; des sabres qui ne donnent que des plaies superficielles ; que l'éclat d'obus ne porte pas avec lui une gravité qui lui soit spéciale.... »

Ces affirmations grotesques mirent nos mobiles en fureur. Elles étaient d'ailleurs agrémentées d'attaques contre le commandement supérieur de l'armée, et il faut constater que, plusieurs fois, dans le cours de la guerre, de semblables sornettes furent lues par ordre sur le front des troupes.

On atteignit bientôt les hauteurs de Courtiras, sur la rive droite du Loir ; puis, vers les trois heures, on redescendit dans la vallée et l'on se porta à l'appui des troupes engagées en traversant le village de Naveil. La lutte avait cessé, mais l'on devait coucher dans la vallée.

Français et Allemands bivouaquaient dans la plaine ou cantonnaient dans les villages, si près les uns des autres que pendant la nuit, une grand'garde de gendarmerie captura une patrouille prussienne commandée par un capitaine.

L'aumônier du 1er bataillon, flairant le danger, fait une reconnaissance, seul, dans l'obscurité, pour savoir où se trouvait l'ennemi.

Par des chemins pleins d'eau et sous une pluie qui l'inonde, il arrive à quelques pas des Prussiens et revient dire où ils sont. On place en conséquence les postes et les grand'gardes.

L'aumônier du 2ᵉ bataillon s'était attardé sur la place de Naveil, avec un de ces Arabes très populaires dans l'armée depuis leur charge de Patay et celle du Ravin des Balles. C'était un chef, parlant assez bien le français et s'animant volontiers dans la conversation. Ses gestes magnifiques faisaient flamboyer, en demi-ronds savants, son grand cimeterre. Il parlait de l'Afrique, des Français, des Prussiens. Vraiment le cœur saignait de voir ces cheiks arabes, nos tributaires, chargés de recueillir sur les routes les Français qui n'avaient plus le courage de se dérober à l'ennemi. C'est là qu'en étaient de nombreux soldats, préférant les douleurs de la captivité aux dangers et aux fatigues de la retraite armée. Ils étaient à bout de forces.

Après une cordiale réception au presbytère, l'aumônier retourne au camp. La proximité de l'ennemi mettait les sentinelles sur leurs gardes. Mais un aumônier passe partout.

— Qui vive !

— France !

La baïonnette sur la poitrine, l'aumônier parlemente, se fait reconnaître à la voix, car on ne peut rien voir.

Le mobile lui donne le mot d'ordre, et, après avoir été arrêté par cinq ou six sentinelles, l'aumônier arrive au cantonnement des officiers.

Le 17, on reprend la retraite en suivant d'abord la route de Montoire. Puis on oblique à droite, en soutien de l'artillerie qui se place sur les hauteurs et va répondre aux pièces ennemies qui nous canonnent du haut des collines de la rive gauche.

Dans la soirée, l'aumônier, à bout de provisions, se place le long de la colonne et la laisse s'écouler devant lui jusqu'à ce qu'il aperçoive le moblòt Mettais pourvu d'un magnifique pain. Ils partagent, et, l'année suivante seulement, l'aumônier rencontra en Beauce le mobile qui lui avait rendu ce service. Il l'invita à dîner et l'on fut quitte jusqu'à la prochaine occasion.

On campa à Lunay. C'était la première étape sur la route du Mans.

Dans l'armée de la Loire, les flammes généreuses du patriotisme, l'enthousiasme irréfléchi, la bravoure exubérante faisaient place à une sorte d'obéissance passive et de résignation mélancolique.

Heureux ceux dont une éducation chrétienne a développé dans les cœurs des sentiments de sacrifice, d'abnégation, d'héroïsme !

En face de ces souvenirs douloureux, la prière du soldat russe sort spontanément du cœur : « Dieu des armées, sois avec nous ! Car, en dehors de toi, nous n'avons plus de secours dans nos afflictions... Seigneur tout puissant, ayez pitié de nous ! »

LE MANS

—

Le doigt de Dieu est là.

'ENNEMI n'osa troubler la retraite sur le Mans, sauf par une pointe sur Épuisay.

La beauté du pays du Perche, que plusieurs traversent pour la première fois ; l'accueil empressé des habitants à la fine et engageante physionomie, et peut-être bien aussi le silence du canon, qui brutalisait les oreilles depuis 15 jours, nous procurèrent un repos physique et moral qui fut le bienvenu et ranima nos jeunes courages.

Puis cette année-là le cidre était si bon, point *mort à cœu*, mais *ben dret* d'goût et *amoureux à boire.*

Quel pays curieux, avec ses haies, ses trognes, ses bouquets de bois, ses maisons isolées, son langage naïf et imagé !

Nous *parloyons* percheron, nous *mussons* dans les *hâes*, nous *gazouillons* dans les *broussis*, nous *ginguons qu'c'est terrible*, nous *trimballons d'bédée* et personne ne *cusse.*

Qu'il fait bon le soir se *racoquiller, ramouciner, taponner* et *couliner* dans les granges et écuries, ou tout au moins, sur les *chaintres,* amont, les *marmanteaux plessés, raillus* et *rifaiges !*

Les bascules, les barrières, les échalliers, les têtards, les rotes, les bardeaux, les piaules, les pirottes et tous les *averrats* du bon Dieu, excitent notre étonnement, réveillent notre imagination et nous réconcilient tout *bellement* avec la vie paisible et civilisée.

Nous voilà *quasiment chus* Percherons.

Par *malheu,* nous ne pouvons y *musarder,* ni *tariner,*

ni *mulotter* ; il nous faut *dégouliner* et *pis cor* marcher et nous installer dans les sapinières en avant du Mans, au chemin aux Bœufs, jusqu'au 10 janvier.

Ce fut des Solognots la joie et le triomphe.

Le terrain est accidenté. C'est un assemblage incohérent de monticules et de mamelons, aux profils arrondis, séparés par des vallons peu profonds et sans orientation définie. Malgré l'apparence boisée de la contrée, sauf aux environs du Mans, nous ne rencontrerons pas de massifs forestiers ; toutefois, tous les champs sont, pour la plupart, plantés de pommiers et de poiriers et tous, sans exception, entourés de haies vives, dont les sinuosités, multipliées comme à plaisir, découpent le sol suivant lès contours les plus irréguliers et les plus capricieux. Malgré tout, la trogne de chêne est l'arbre le plus typique du Perche ; on le rencontre partout.

Les Percherons habitent des maisons isolées ou de tout petits villages éparpillés le long des routes, ou à l'extrémité de ruelles impraticables. Les maisons sont construites en pans de bois, dont les interstices sont remplis de boue délayée avec du foin.

Nous cheminons par les routes et malgré les accidents du terrain, la marche est bien moins fatigante que dans les plaines de Beauce. Ici, grâce aux nombreuses séparations de culture, force est de rester sur les chemins.

Le 17, nous quittons Lunay et le département de Loir-et-Cher pour la Sarthe et les environs de Saint-Calais. Le temps est redevenu froid.

> Et la neige descend, droit et dru, cotonneuse,
> Assourdissant le sol à grands plis nivelé.

Le 18, la neige cesse de tomber, mais le temps reste très froid. Le camp est établi le soir devant Montreuil-le-Henri.

Le lendemain, le 75ᵉ marche toute la journée et occupe

à la nuit la hauteur en avant de Parigné-l'Evêque. Il ne s'agit plus, le 20, que de rectifier les positions en avant du Mans. On nous assigne comme stationnement un espace qui suit le chemin aux Bœufs, en avant de la Tuilerie, à cinq kilomètres du Mans.

Nous sommes, dit Guérin, dans les sapins, près du château des Houx, et nous y restons jusqu'au 26.

VILLAGE PERCHERON SOUS LA NEIGE
Dessin de Mme la comtesse de Solages.

Dès le 21, on commence la construction de gourbis, dont les sapins eux-mêmes forment la charpente ; on y sera bien mieux que sous la tente. On se reconstitue et l'on reprend l'instruction militaire.

Les moblots manquent de tout, les vêtements sont en lambeaux, les souliers rattachés avec des ficelles ou remplacés par des sabots.

Le 25, dimanche et fête de Noël, il y a repos. Dès le samedi soir, une nouvelle court dans les escouades. Nous allons avoir au camp, pour le régiment, une messe de minuit.

On avait allumé de grands feux et la forêt semblait tout illuminée. C'était un imposant spectacle. Les longues tiges des sapins s'élevaient en l'air, semblables à des piliers d'église ; un énorme tapis de neige s'étendait à leurs pieds. On aurait dit une cathédrale rayonnante de lumières.

L'autel, dressé sur des caisses de biscuits et recouvert d'une nappe blanche, rappelait par sa pauvreté le dénûment de la crèche de Bethléem. L'aumônier du 1er bataillon disait la messe. Depuis bientôt un mois, il est debout jour et nuit, et fait l'admiration du régiment par son courage et sa résistance aux fatigues.

C'est au milieu du silence de tous et d'une émotion contenue qu'il monte à l'autel. Des mobiles servent la messe. Tout autour, les groupes sont à genoux dans la neige, sur la terre glacée. Ces soldats, environnés d'ennemis, demandent une consolation et un secours au Dieu de la crèche. Ce Dieu s'immole à la parole du prêtre et vient à ses fils malheureux, à cette armée, sans forces, se battant presque sans espoir, manquant de tout, plus encore que les bergers de Bethléem...

Ce n'est point la messe triomphale des armées en fête, avec son bruit de clairons, de tambours, de musiques savantes et de canons joyeux, avec les généraux aux armes brillantes, aux habits chamarrés. Non, les assistants sont ici dans le deuil, dans la tristesse, dans l'amertume de la séparation de tant d'amis, dans le souvenir des calamités supportées, dans la crainte des malheurs à venir, dans la joie discrète de retrouver leur foi un instant réveillée, et de se rappeler un consolateur oublié...

Cette messe de minuit, entendue au milieu des frimas, fut une gloire pour le bon Dieu et une consolation pour les hommes. *Gloria in excelsis Deo et in terrâ pax hominibus bonæ voluntatis.*

Nous rapprocherons de cette nuit de Noël le souvenir du même jour à l'ambulance de Janville, où gisaient le baron de Maricourt, les lieutenants Raoul de Saint-Venant et Gaston de Brisoult, et plusieurs mobiles.

« Un petit autel fut dressé dans l'alcôve vide de notre chambre, et le bon curé de Poinville vint nous dire la messe, que je servis, avec l'aide de ma béquille.

« Tous les blessés qui avaient pu se traîner ou qu'on avait pu transporter se réunirent dans notre chambre, et jamais je ne vis rien de comparable à cette assistance de fidèles étendus sur des matelas, appuyés sur des béquilles ou portant le bras en écharpe. A l'exception d'un seul, qui était protestant, tous les blessés communièrent.

« Quand je vis le bon curé enjambant les malades, porter le Viatique de lit en lit et de salle en salle, il me sembla que Dieu aurait un jour pitié de notre pays, que les souffrances sanctifiées ainsi et le sang versé à Loigny compteraient pour l'expiation (1) ».

Le 26, plusieurs reçoivent une paire de chaussures, des guêtres de cuir, un pantalon, une vareuse ou un képi. Les *casquettes blanches*, illustrées par les hauts faits des enfants du Loir-et-Cher, ont presque toutes disparu.

Un ordre de la division déplace les mobiles du 75e, qui quittent avec peine leurs gourbis confortablement installés, pour cantonner dans les granges glaciales du château des Hunaudières. Au bout de quelques jours, beaucoup d'hommes tombent malades.

La marche reprend par un froid très vif. Brisés par tant de luttes et de fatigues, les hommes n'ont plus la force, ni d'agir, ni d'espérer. Certains régiments fondent entre les mains de leurs officiers. Les hommes découragés profitent des talus, des haies, des bois pour s'esquiver, et dans quelques heures, un jour tout au plus, les Prussiens les ramasseront.

(1) Baron de Maricourt, *Casquettes Blanches et Croix-Rouge*, p. 222.

FERME DU PERCHE
Dessin de Mme la comtesse de Solages.

Chaque matinée est consacrée aux corvées et à l'astiquage, chaque soirée, à des marches ou exercices ; les cadres, tant des officiers que des sous-officiers, se complètent par des retours et des promotions, et c'est ainsi que nous atteignons le 1er janvier, sans nouvelles du pays occupé par l'ennemi.

Le 7 janvier, M. de la Vingtrie, qui commande à la fois le régiment et son bataillon de Maine-et-Loire, est, à son tour, vaincu par la maladie. On l'emporte au Mans. Le capitaine Malzy prendra le commandement du régiment et du 1er bataillon, le capitaine Lebert et le capitaine Jallot sont à la tête du 2e et du 3e bataillon.

Le 9 janvier, le 75e qui devait partir en colonne mobile sur Château-du-Loir, se met sous les armes par un froid vif et un temps sombre. L'ennemi a attaqué nos lignes hier et nous participons à une rectification de positions qui nous fait porter en arrière, à hauteur du chemin aux Bœufs. Le mouvement se fait par une neige abondante, qui couvre la terre d'une couche épaisse. On bivouaque dans les sapins et l'on se protège fort mal contre l'envahissement de la neige par des abris improvisés de branchages et des feux qui donnent plus de fumée que de chaleur. La nuit est fort pénible et le soldat regrette amèrement ses gourbis de décembre, si bien installés à quelques kilomètres du nouveau campement (1).

Le rendez-vous était sur le champ de courses. De là, on se dirige sur la route de Tours, qu'on traverse pour prendre le chemin aux Bœufs. Nous rencontrons les mobilisés nouveaux, venus de Maine-et-Loire, qu'on adjoignait à la brigade commandée provisoirement par le lieutenant-colonel Pereira. On marche dans les bois jusqu'à la route de Parigné, qu'on traverse encore. La neige tombait épaisse ; nous nous avançons jusqu'à une petite distance de la route

____

(1) Nous devons ces éphémérides de la Mobile aux camarades Guérin et Alliot et à l'*Historique* du lieutenant-colonel Dumas.

de Saint-Calais. Là, le 1er bataillon va camper. Les deux autres sont cantonnés.

Mauvais lit que la neige ! Pourtant on se mit à l'œuvre ; bientôt chacun coupait du bois, déblayait la neige, formait des abris avec des branches, et allumait du feu à grand'peine.

Quelle ne fut pas notre joie et notre surprise d'y retrouver le brave capitaine Malzy, parti malade après les journées de Villorceau, et revenant au poste, la veille du combat.

Il raconta comment il s'était échappé de Blois, avec un passe-port de marchand de cochons, délivré par le commandant de place qui désirait ravitailler la ville. Sous sa blouse bleue il avait caché son uniforme complet, même le képi. Il ne lui manquait que le sabre ; il n'en avait pas besoin pour commander les moblots de Loir-et-Cher, ravis de se remettre sous ses ordres.

*
* *

Le 10 janvier, la Mobile s'ébranle, pour occuper Parigné-l'Évêque.

Pendant trois jours, 200,000 hommes, dont 95,000 Allemands, vont se heurter en avant du Mans. Une partie des troupes françaises est tombée au dernier degré d'épuisement. En revanche, les positions à défendre sont assez sérieusement protégées par des épaulements, des tranchées, des barricades, de nombreux abatis, des coupures sur les routes et des groupes de batteries; dans ce champ de bataille d'abord difficile, l'ennemi ne pourra utiliser qu'imparfaitement et par petits groupes, sa nombreuse et formidable artillerie.

(1) Sauf les épisodes, dont la source est indiquée en leur lieu, nous empruntons la suite de ce chapitre au *Journal d'un Officier du 1er Bataillon* et nous laissons la parole à son auteur.

« Je commandais, dit le sergent Lebatard, le poste de grand'garde. A deux heures du matin, le 10 janvier, sac au dos ! on attache les bidons et la batterie de cuisine, pour partir, sans bruit, dans la direction de Parigné-l'Évêque. Plusieurs avaient quitté le camp pour coucher à l'abri : il était impossible de les retrouver en pleine nuit. Le capitaine, averti, m'ordonne de rester sur place jusqu'au jour. A ce moment, presque 200 hommes de toutes les compagnies m'arrivent pour rejoindre le bataillon. Notre position devint bientôt dangereuse et ma responsabilité très grande.

« Au bas de la côte de Parigné, il fut impossible d'avancer, les Prussiens étant à gauche de la route et les Français à droite, occupés à se canarder. Embarrassé de mon autorité, je m'en vais trouver un capitaine de mobilisés de Maine-et-Loire, dont les hommes déployés en tirailleurs, sont au feu pour la première fois. Je lui offre mes services, et comme il semble hésiter : « Ne craignez rien, lui dis-je, nous sommes de vieux soldats ».

« Nous avions conscience d'avoir vécu des années dans cette terrible campagne où nous avions tant de fois combattu.

« Nous prenons la ligne la plus avancée des tirailleurs, et, de très près, nous ouvrons un feu acharné sur le flanc de l'ennemi.

« Un camarade avait sur la tête un casque de Prussien. Il put juger par expérience de l'utilité de cette coiffure. Atteint d'une balle à la tête, elle glissa sur le cuir bouilli et il en fut quitte pour une éraflure à l'oreille.

« Un débrouillard, de nos amis, engagé volontaire, me demande l'autorisation d'aller chercher la compagnie. Il suit la route au fond du fossé et retrouve le capitaine de Beaucorps, dont il me transmet les ordres.

« Nous nous replions pour le rejoindre. Croyant avoir affaire à de jeunes troupes, des uhlans chargent sur nous, en agitant un drapeau blanc ou plutôt un mouchoir. Le camarade Guédon s'arrête en disant : « Je veux en démolir un ». Nous l'encourageons. Prompt comme l'éclair, il vise l'officier prussien, qui tombe pendant que ses hommes prennent la fuite. Le cheval vient droit à nous. Guédon s'en empare ; il l'emmène sous les sapins et par-dessus les haies, jusqu'au Tertre-Rouge, pour l'offrir au capitaine. »

Au régiment, le réveil avait été sonné à trois heures du matin : on prend le café et l'on se met en route à 4 heures. La marche est lente et difficile ; la neige, durcie par le passage des troupes et par le froid, est devenue un véritable glacier.

Vers 9 heures du matin, on arrive en vue de Parigné, village bâti aux bords de la route sur un mamelon très élevé. A gauche, à deux kilomètres de distance, d'autres collines sont occupées solidement par les Prussiens.

Nous nous arrêtons un instant au pied de la hauteur de Parigné ; les balles sifflent et passent par dessus nos têtes. Le 2ᵉ et le 3ᵉ bataillon sont envoyés comme renforts au 39ᵉ de marche placé dans la vallée.

L'action s'engage. L'acharnement est tel qu'au-dessus du village des Guettes, un champ, dont les fossés offrent une fortification naturelle, a trois de ses côtés occupés par nos tirailleurs, le quatrième par ceux de l'ennemi. On se serre de près et personne ne recule.

Le capitaine Odon de Meckenheim qui dirige debout le feu du second bataillon couché dans la tranchée, tombe mort frappé d'une balle en pleine poitrine. Son frère avait été blessé à Loigny ; ses trois autres frères servaient dans l'armée : c'est une famille de braves et la mort d'Odon est une nouvelle gloire à ajouter aux autres. On mit son corps dans un fossé de la route, on le recouvrit de feuilles sèches pour pouvoir le reconnaître plus tard : son lieutenant rapporta sa bague et son épée.

Le 1ᵉʳ bataillon gravit la côte avec une batterie de mitrailleuses confiée à sa garde.

La batterie s'installe à l'extrémité du village, pour balayer le chemin de Changé. La 3e et la 5e compagnies sont placées en avant. Nos pièces tiraient depuis quelque temps sans réponse, quand, tout à coup, des obus passent et sifflent au-dessus de nos têtes, dans la direction des mitrailleuses ; les balles nous arrivent de tous côtés.

« Mes hommes, dit l'auteur du *Journal*, étaient tous abrités derrière des arbres, des haies ou des petits murs. Pour relier les différents postes, je me promenais de long en large sur un petit chemin qui nous servait de ligne de bataille. Les balles me bourdonnaient sans cesse aux oreilles, venant de bouquets d'arbres placés à petite distance et occupés par des ennemis invisibles.

« Tout à coup, sur notre gauche, et sans que nous puissions les voir, les Prussiens tentent un effort considérable et arrivent aux premières maisons du village. La surprise que produisit l'attaque, de ce côté, assure leur succès ; toutes nos troupes se replient.

« Des ennemis restés depuis la veille et cachés dans le village, au dire des habitants, ou plutôt arrivés à l'abri des haies et des granges, tombent tout à coup sur les mitrailleuses. Une lutte acharnée s'engage, les pièces sont prises et reprises.

« C'est un combat corps à corps, à la baïonnette, à la crosse du fusil, avec des cris, des hourras sauvages. Quatre mitrailleuses sont reprises, mais l'ennemi en garde une dont l'attelage avait été tué. Ses masses profondes forcent les nôtres à la retraite, et la Mobile, manquant de munitions, reprend à la nuit ses cantonnements du chemin aux Bœufs qu'elle a quittés le matin. »

Les tirailleurs de la 5e compagnie, les derniers qui aient pu tenir dans Parigné, gagnent les bois voisins par un chemin creux, se défendant, à droite et à gauche, à coups de fusils, par-dessus les remblais ; ils finissent par rejoindre le régiment qui ne les attendait plus.

* *

Le 11 janvier, le froid est intense et la neige, épaisse et dure, couvre le sol. Les routes, selon une expression allemande, sont *revêtues d'un miroir de glace*. Le temps est clair, sec et froid.

Chanzy, dans la matinée, parcourt toutes les positions. Il voudrait communiquer à tous ses espérances invincibles, son indomptable énergie. La grande bataille commence à 9 heures. A 11 heures, l'ennemi s'empare de Champagné. A 3 heures, il commence à occuper le plateau d'Auvours qui commande les positions françaises.

C'est un désastre que répare le général Gougeard à la tête d'une colonne héroïque composée de zouaves pontificaux et de mobiles des Côtes-du-Nord. « Cette charge est un des plus brillants faits d'armes de la guerre ; son souvenir éclatant rend moins amère à nos cœurs la triste constatation du désastre final. Ce sont ces rayons de gloire allumés çà et là, à travers le ciel sombre de nos défaites, qui nous donnent le courage d'y penser et d'en parler encore, pour y puiser la force nécessaire aux luttes de l'avenir (1) ».

Mais hélas ! près de Pontlieue, un hardi coup de main, tenté la nuit tombante, par hasard et comme une simple diversion, met au pouvoir des Allemands le plateau de la Tuilerie, qu'on avait imprudemment confié à des mobilisés du camp de Conlie, mal armés et non aguerris.

C'est en vain qu'officiers et généraux français lancent à l'assaut de la position conquise leurs troupes effarées et harassées de fatigue : le poste ne peut être repris.

La retraite s'impose pour le lendemain à toute l'armée.

La Mobile, sauf quelques allées et venues, resta toute la journée du 11 janvier, en avant du chemin aux Bœufs, les membres transis, l'estomac vide, les oreilles et tout son cœur au bruit de la bataille qui l'enveloppait.

---

(1) Commandant Rousset, *Histoire Générale de la Guerre Franco-Allemande*, p. 376.

Les tirailleurs seuls échangèrent quelques coups de fusil avec l'ennemi.

La nuit vient, et quelle nuit ! toute remplie de mystérieuses alarmes, et de ce vague fantastique, charme des légendes.

Depuis la veille, on ne mangeait plus ; personne, au milieu des graves préoccupations du moment, ne s'avisa que le 75e mobiles n'avait plus de vivres... La nuit du 11 au 12 janvier commençait, nuit sereine et pure, illuminée du clair de lune, calme, paisible, laissant à découvert un ciel étoilé, bleu, mais froid comme un ciel boréal.

Le capitaine de Gallard de Zaleu, qui commande la 3e compagnie, informe que sa droite est absolument découverte, qu'il ne se relie plus de côté qu'avec les Prussiens, et qu'on les entend causer.

Le capitaine Malzy lui ordonne de rapprocher un peu sa ligne, mais M. de Gallard arrive lui-même, la main écorchée d'une balle qui s'est livré un passage entre deux doigts. Il raconte qu'il tient avec peine l'ennemi à distance et qu'il est menacé d'être tourné à tout instant.

Dans les postes moins avancés, on essaie de dormir. Le froid est trop rude ; l'eau qui entre dans les souliers s'y transforme en glace. Nous étions transis. On allume un peu de feu au fond d'un fossé : aussitôt les balles pleuvent sur nous. Tout est éteint. On gèle et on attend.

Vers minuit arrive, à pied, à pas de loup, un officier d'état-major de la division ; il annonce l'attaque et la prise de la Tuilerie. « Mais, dit-il, à une heure, l'amiral sortira du Mans avec une forte colonne qui suivra les hauteurs de Parigné et fondra à l'improviste sur la Tuilerie. Vous, vous suivrez le pied de la colline en vous conformant à son mouvement. Le signal sera le cri de : « Vive la France ! » Pas de fusillade, seulement la baïonnette. Vive la France et la position est conquise. »

Là-dessus, il souhaite bonne chance et disparaît. Le régiment se forme en colonne. Une heure se passe, puis une autre heure. Rien, rien.

Cependant les Prussiens s'étaient fortifiés à la Tuilerie ; ils occupaient les hauteurs dont nous gardions la base. La colonne du Mans avait fait mine de sortir ; au premier choc, la déroute !

Tout était perdu. L'ennemi n'avait plus qu'à se porter sur Pontlieue : rien n'était plus facile. Là il tenait l'étoile de routes desservant les différents corps de l'armée française.

« Un ensemble de coïncidences malheureuses s'est donc joint à la faiblesse organique de la France pour déjouer tous ses efforts. Et cet ensemble a été tel, que véritablement, quand on l'envisage, on est tenté de se demander s'il n'y a pas eu là quelque raison supérieure aux causes physiques ; une sorte d'expiation de fautes nationales ou le dur aiguillon pour un relèvement nécessaire. En présence de si prodigieuses infortunes, on ne s'étonne plus que les âmes religieuses aient pu dire : « *Digitus Dei est hic.* Le doigt de Dieu est là (1). »

*
* *

« Maintenant, les balles nous arrivaient de tous les côtés à la fois. La colline qui nous dominait était occupée ; un officier du 3ᵉ bataillon qui s'y était aventuré, entend crier : « Wer da ! » On écoutait la conversation des Allemands ; on voyait la lumière de leurs pipes ou de leurs cigarettes. Nos patrouilles, qui ne s'éloignaient guère, revenaient toujours avec un ou deux hommes de moins. Quelques mobiles sont surpris dans une maison voisine, où il avaient été chercher des vivres.

« De toutes parts, nous étions cernés. Le capitaine Malzy dispose sa défense en carré. Il envoye la 3ᵉ compa-

____

(1) Ch. DE FREYCINET, *La Guerre en Province*, p. 330.

gnie sur une ligne perpendiculaire au chemin aux Bœufs. de manière qu'elle se reliât à gauche à la 1re qui gardait le fond des bois du côté de Ruaudin.

« Il était 2 heures et demie. La nuit semblait longue : l'inquiétude, l'absence d'ordres, le froid de plus en plus vif, la neige de plus en plus glaciale à nos pieds, la faim, la fatigue et un besoin de sommeil invincible réduisaient nos forces à toute extrémité. Je m'appuyais contre un arbre, dormant à demi. Les balles sifflaient à nos oreilles et cassaient les branches autour de nous ; puis, silence ; puis, reprise de la fusillade. Ainsi se passèrent une ou deux heures.

« Tout à coup, j'aperçois 8 ou 10 ombres noires le long d'un fossé, à 40 mètres de nous. Je crie de toutes mes forces : « Qui vive ! » On me répond : « Môpiles, les fôtres ! » — « Feu ! » criai-je. Le ombres se couchent à terre, rampant comme elles étaient venues, elles retournent à la route de Tours. Après quoi, silence. Seule, la 1re compagnie tiraillait encore. Tout rentre enfin dans un solennel silence. Les balles sifflaient toujours ; mais nous n'entendions pas les détonations : je ne sais comment expliquer le fait.

« J'établis en avant de ma ligne un petit poste commandé par un brave, Arthur Poulain, qui se chargeait, par des sentinelles avancées, de reconnaître le terrain aussi loin que possible. Le reste de mes hommes pouvait, pendant ce temps, prendre un peu de repos. Incapable de lutter contre le sommeil, je m'assis sur un sac et dormis quelques minutes : j'avais recommandé à un de mes soldats de me réveiller au moindre bruit. Mais comment compter sur quelqu'un. Ils étaient aussi accablés que moi. Quelle nuit, grand Dieu ! que cette nuit inoubliable du 11 au 12 janvier !....

« Voici qu'au milieu du silence, s'élève un son mélancolique, harmonieux, pénétrant tout à la fois : un cor allemand sonnait le réveil et le ralliement, prélude de nouvelles victoires. Le son du cor, triste et lent, répété sur toute l'étendue des lignes ennemies, nous ravissait et nous terrifiait à la fois : touchante et fantastique mélodie, étrange contraste avec nos souffrances !

« Le son du cor finissait à peine, lorsque me retournant vers les hauteurs du Tertre, je vis une lueur. Ce n'était pas le jour, mais l'incendie d'une ferme, signe de rassemblement pour l'armée allemande. Après la musique, le feu, expression vivante du caractère allemand, brutal et mélancolique, tranquille et sauvage.

« Nous ignorions ce qui allait se passer. Sur la route de Tours montait une longue file de soldats vers la Tuilerie. La voix des Allemands se percevait de mieux en mieux.

« La fin de notre supplice approchait. Un certain nombre d'hommes avaient les pieds gelés. Un d'entre eux mourut de froid. Je pense que plusieurs blessés sont tombés, enveloppés dans le manteau de neige, pour y rester jusqu'au jugement suprême. Tomber et rester là, c'est épouvantable.

« Déjà blanchissait l'aube, avec quelle impatience nous l'attendions ! Le capitaine Malzy était dans une cruelle incertitude. Que faire ? Point d'ordre, point d'indication d'aucun genre ? D'un moment à l'autre, nous pouvions être enveloppés comme dans un filet. — Je ne sais si la Providence eut pitié de nous : mais on ne nous attaqua pas sérieusement. Il était près de 8 heures du matin ; l'aumônier, qui s'était écarté sur la gauche, revint annoncer que le 33ᵉ mobiles était parti : de même, sur l'ordre du lieutenant-colonel Pereira, commandant la brigade, les deux autres bataillons s'étaient retirés. »

*
* *

Il n'y avait plus à hésiter. Le capitaine Malzy donne l'ordre de la retraite et l'exécute avec l'habileté d'un vieux soldat. Nous tirions des bordées, à droite, à gauche, au milieu. Tout doucement et sans bruit, nous regagnons notre corps d'armée en nous dissimulant le mieux possible.

La cavalerie prussienne suivait à distance. Du côté de Ruandin, à 150 mètres, nous voyions les feux des bivouacs et des Prussiens se chauffant tout autour.

Dans cette retraite, le capitaine de Beaucorps reçut à la jambe une balle, qui avait traversé, avant de l'atteindre, deux rangs de soldats sans les toucher. Ce n'était rien. On fut obligé cependant de couper sa botte pour avoir la balle.

Après un arrêt de quelques minutes, qui permet de considérer à loisir les Prussiens groupés autour de leurs feux et nous lançant des boules de neige, rendues aussitôt, le bataillon se reforme en colonne et poursuit la retraite. La lutte était finie, et le désastre irréparable.

Suivis par les Prussiens, les mobiles arrivent au Mans par le faubourg de Pontlieue, les derniers d'une cohue indescriptible, sans pain, sans munitions, sans ordres et sans discipline.

Ils traversent la cité apeurée, poussés par la foule qui suit et en même temps retenus par la masse grouillante qui précède. C'est un enchevêtrement de voitures, de canons, de mitrailleuses, de cavalerie, d'infanterie, d'hommes de toutes armes et de tous costumes. Le canon tonne et jette déjà quelques boulets dans la ville, les ponts sautent, la fusillade pétille encore çà et là...

Les Prussiens ne valent guère mieux. Ils avancent cependant ; si la force leur manque pour nous envelopper et compléter le gigantesque désastre par la prise de l'armée tout entière, ils recueillent les soldats isolés, souvent même des groupes tout entiers qui n'ont plus le courage de fuir.

Dans ce désordre, à la porte du Mans, une vision d'autrefois reposa un instant nos yeux déshabitués de l'ordre et du calme. Un régiment de gendarmerie à pied attendait, impassible, que toute l'armée fût passée. Son rôle allait commencer ensuite et il défendra pendant quelques heures l'entrée du Mans pour protéger les débris désorganisés de l'armée de la Loire.

Elle était belle cette troupe d'élite, attendant en silence et dans un ordre parfait, le moment d'accomplir un noble et modeste sacrifice !

*
* *

En sortant du Mans, des cavaliers placés à la jonction des routes d'Alençon et de Laval, indiquèrent au 75ᵉ cette dernière comme celle du 16ᵉ corps.

Tout en cheminant péniblement, hommes isolés, compagnies, escadrons et bataillons sont dirigés, par groupes ou par unités, jusqu'à Chaufour, où ce qui restait du 16ᵉ corps se trouve cantonné après vingt-quatre heures d'une marche douloureuse et désespérée.

Le 14, par un brouillard intense, le 75ᵉ se porte sur Chassillé. Le canon gronde au loin. La 3ᵉ compagnie du 1ᵉʳ bataillon, sous les ordres du lieutenant de Fougères est déployée dans la soirée en tirailleurs.

Par suite d'ordres contradictoires, les sections qui la reliaient au régiment se replient, et la 3ᵉ reste isolée, dans l'obscurité, en face de l'ennemi qu'elle entend causer distinctement. Le général lui envoie un planton qui n'arrive pas.

Cependant le régiment fait halte à Joué, et c'est là seulement que le lieutenant de Fougères, enfin prévenu, nous rejoint, avec sa compagnie qu'il a su habilement ramener à la barbe des Allemands.

La marche se continue toute la nuit en terrain accidenté, par monts et par vaux, avec les *impedimenta* combinés des ténèbres, de la neige et du verglas, jusqu'au plateau de Saint-Jean-sur-Erve, où l'on arrive dans la matinée.

C'est une excellente position de défense. Les trois bataillons se placent dans des replis de terrain, à l'appui de mitrailleuses et de pièces de canon. L'ennemi n'avançait pas ; son artillerie seule nous atteignait. Ce fut le dernier combat de l'armée de la Loire, et qui nous coûta une victime de plus.

Le soir, la 8e compagnie du 1er bataillon se déployait en tirailleurs dans un chemin creux sur la rive droite de Saint-Jean-sur-Erve ; les Prussiens également abrités dans un chemin creux, échangeaient avec elle des coups de fusils, lorsque le général Isnard de Sainte-Lorette vient donner l'ordre suivant au capitaine de Gallard de Zalcu : « Si vous voyez le feu s'étendre sur votre droite, vous demanderez les renforts qui sont derrière vous ; si au contraire le feu se concentre sur Saint-Jean-sur-Erve, vous préviendrez le bataillon du 40e de marche, placé sur votre gauche, qu'il ait à opérer sa retraite sans bruit, et vous protégerez le mouvement. »

A la tombée de la nuit, les coups de feu s'éloignent vers la gauche, le capitaine croit le moment venu d'exécuter l'ordre ; mais il lui faut un courrier sûr pour avertir le 40e de marche. Son choix tombe sur le soldat Debout, qui avait fait preuve, pendant toute la campagne, de courage et de sang-froid.

Bien pénétré de sa mission, le soldat Debout s'engage vers la gauche, du côté où était signalé le bataillon du 40me ; mais la nuit était noire ; les chemins creux se croisaient et se rapprochaient de la ligne allemande. Debout, ne rencontrant aucun soldat, s'avançait toujours, lorsque tout à coup une vive fusillade éclate. Les tirailleurs allemands, visant la tête du soldat français qui émergeait au-dessus d'un talus neigeux, lui envoyaient une grêle de balles. Debout, se courbant et rampant, arrive enfin jusqu'à un homme qu'il entrevoyait dans l'ombre sans pouvoir reconnaître s'il était français ou prussien : d'un bond, il se précipite sur lui en disant à mi-voix : « Qui vive ! » Effaré, le soldat répondit aussitôt : « France ! » « Quel régiment ? » réplique Debout « 40me de marche ! » « Hé bien, camarade, conduis-moi à ton commandant, j'ai un ordre à lui transmettre », et Debout accomplit sa mission.

Pendant ce temps-là, les soldats de la 8ᵉ compagnie, l'arme au pied, attendaient l'arrivée du 40ᵉ de marche ; Debout n'aura-t-il pas été tué ? L'ordre aura-t-il pu être transmis ? Faut-il envoyer un autre courrier ? Enfin, après deux heures d'attente anxieuse, au bruit d'une troupe en marche, le capitaine se porte en avant de sa compagnie, et après le « qui vive » réglementaire, reconnaît le bataillon du 40ᵉ de marche. La 8ᵉ compagnie se mit à sa suite, protégeant la retraite jusqu'à la route de Laval (1).

La retraite s'effectua durant toute la nuit. Le brillant succès de St-Jean-sur-Erve, qui avait coûté cher à l'ennemi, empêcha la poursuite : Dieu sait si pourtant elle eût été facile ! La fatigue des hommes était à son comble ; ils s'éparpillaient au bord du chemin et tombaient d'épuisement.

Enfin, par une pluie battante, vers quatre heures du matin, on eut pitié du 75ᵉ, et on nous fit arrêter à Sougé-le-Bruant.

Les maisons du village étaient toutes fermées. Nous nous traînions d'une porte à l'autre ; aucune ne s'ouvrait. A la fin, exaspérés de tant d'indifférence, quelques officiers avisent une maison de bonne apparence, cassent un carreau, tournent l'espagnolette et les voilà dans le salon du notaire, qui faisant contre mauvaise fortune bon cœur, les reçut presque aimablement.

Le lendemain, à 9 heures du matin, par un temps affreux, le 75ᵉ reprend la direction de Laval où il arrive enfin vers deux heures de l'après-midi.

(1) Nous remercions le capitaine de Gallard de Zaleu de ce récit tout à la louange, comme il le dit lui-même, d'un simple soldat qui a montré en la circonstance beaucoup de courage et de présence d'esprit.

Là il se repose et se reforme.

Peu à peu les hommes reviennent du dépôt et des ambulances. On se reconstitue, on se prépare à reprendre la lutte.

Les événements en décidèrent autrement.

C'est auprès de Laval que le 29 janvier arriva au 75e mobiles, la nouvelle de l'armistice, prélude de la paix et il faut avouer que si triste qu'il fut, l'événement fut accueilli avec joie.

L'espoir était mort dans les âmes découragées, tant les souffrances imposées à notre jeune régiment avaient dépassé la limite des forces humaines.

V

LA PAIX

—

RETOUR

—

Rompez les rangs.

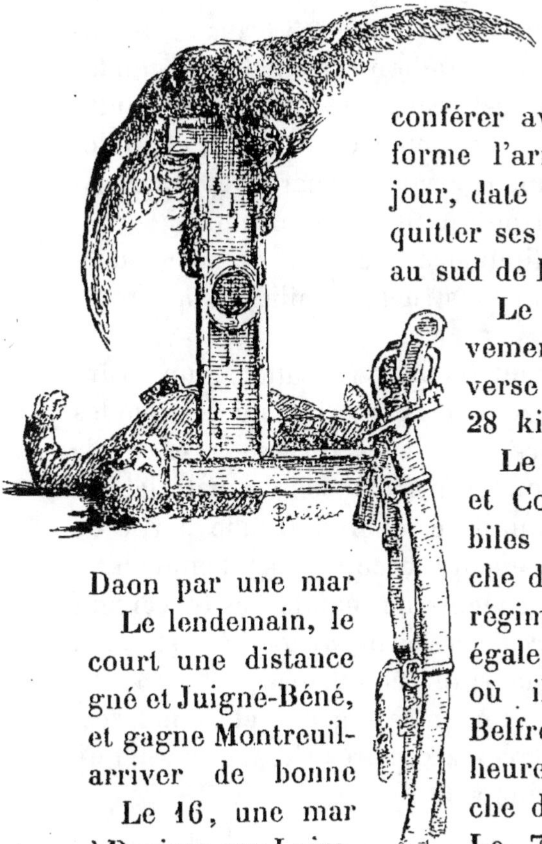

E général Chanzy, rentré de Paris, où il est allé conférer avec le gouvernement, informe l'armée, dans un ordre du jour, daté du 11 février, qu'elle va quitter ses positions pour se porter au sud de la Loire.

Le 75e se met le 12 en mouvement, quitte Alexain, traverse Laval et va coucher à 28 kilomètres, à Entrammes.

Le 13, par Château-Gontier et Coudray-Géniers, les mobiles de Loir-et-Cher gagnent che de 36 kilomètres.

régiment bien entraîné par-égale, en passant par Champi- où il franchit la Mayenne Belfroi qu'il quitte le 15 pour heure à Angers, à 9 kilomètres. che de 35 kilomètres l'amène Le 75e participait dans ces

Daon par une mar
Le lendemain, le court une distance gné et Juigné-Béné, et gagne Montreuil- arriver de bonne
Le 16, une mar à Rosiers-sur-Loire.

étapes, à un déplacement général du 16e corps, porté à la défense du pays entre Châtellerault et Le Blanc. Le 17, il couche à **La Mothe-Bourbon** où il séjourne.

Une marche de dix kilomètres amène, le 19, la Mobile aux Trois-Moutiers et, le 20, à Lencloître, après 12 heures de marche pour franchir 44 kilomètres.

Le 21, dans la matinée, elle va prendre ses cantonnements à 4 kilomètres, à Saint-Genest-d'Ambière, où le génie lui trace immédiatement les travaux qu'elle doit exécuter pour se mettre en état de défense.

Les terrassements, commencés le 22 février, sont poursuivis avec activité pendant les jours qui suivent. A la même époque, les convalescents et blessés qui le peuvent, rejoignent le régiment. On complète les cadres et l'on va à l'exercice deux fois par jour. Le 26, les travaux de défense sont achevés, chaque bataillon reconnaît son emplacement de combat et l'on est prêt à recommencer la lutte le lendemain. Le régiment est refait et entraîné, l'habillement renouvelé, l'armement revu et réparé, les approvisionnements de vivres et de munitions au complet.

L'acceptation des préliminaires de paix ne suspend ni les travaux de défense, ni l'instruction militaire qui marchent simultanément.

Le 16 mars, le régiment reçoit notification d'un ordre du général Le Flô, ministre de la guerre, qui renvoie les gardes nationales mobiles dans leurs foyers, après avoir passé une revue du personnel, des effets et du matériel.

« Considérant, dit le ministre, qu'une grande partie de nos départements étant encore occupée par l'ennemi, il est impossible que les régiments de mobiles les traversent en armes,.... les militaires verseront, avant de partir, les armes, les munitions et le grand équipement.

« Vous leur exprimerez tous mes regrets, et signalerez, par l'ordre que vous trouverez ci-après, les services que ces braves gens ont rendus à la Patrie. »

« Gardes Mobiles !

« Pendant six mois d'une campagne laborieuse, votre courage a été à la hauteur de tous les sacrifices qui vous étaient imposés. Vous allez rentrer dans vos familles justement fières de vous ; vous y porterez la consolation que donne le sentiment d'un devoir justement accompli.

« La fortune a trahi vos efforts, mais vous avez sauvé l'honneur de votre Patrie et un jour viendra, pas trop éloigné, je l'espère, où il vous sera donné de lui rendre sa grandeur passée.

« Soyez-en sûrs, rien ne saurait arrêter longtemps les destinées providentielles de notre nation.

« Courage donc, patience et patriotisme !

« *Le Ministre de la Guerre,*

« Signé : Le Flô ».

Le 18, « Ordre général.

« Officiers et soldats de la deuxième armée !

« Le traité ratifié le 1er mars par l'Assemblée Nationale, met fin à la guerre. Les armées sont dissoutes.

« En m'informant que mon commandement cesse, le ministre ajoute : « Dites à votre brave armée, officiers de « tous grades et soldats, que je les remercie, au nom de « notre pays tout entier, de leur courage et de leur patrio- « tisme. Si la France avait pu être sauvée, elle l'eût été par « eux. La fortune ne l'a pas voulu ».

« Je suis heureux de porter à votre connaissance ce témoignage de satisfaction du gouvernement. Vous pourrez être fiers d'avoir fait partie de la deuxième armée, dont les efforts, s'ils n'ont pas abouti au succès que vous avez poursuivi avec tant d'opiniâtreté, ne resteront pas sans gloire pour le pays dont ils ont contribué à sauver l'honneur.

« Vous avez tenu tête aux armées les plus nombreuses et les mieux commandées de l'Allemagne. L'histoire racontera ce que vous avez fait ; l'ennemi lui-même s'honorera en vous rendant justice.

. . . .

« *Le Général commandant en chef,*

« Signé : Chanzy ».

14

Quelques jours plus tard, les mobiles déposaient à Châtellerault leurs remingtons et leur équipement.

« *En avant chez nous !* chaque mobile lançait au vent du chemin ce cri joyeux, et, *le bâton à la main*, arpentait à grands pas les routes de la Touraine.

TENUE DE RENTRÉE

Dessin de M. l'abbé GATELLIER

« Le 75ᵉ dévora treize lieues d'une seule traite, et cet élan nous conduisit à Chinon. C'était là que devait avoir lieu la séparation ; le 3ᵉ bataillon retournait à Angers et nous allions à Tours. On se quitta avec la cordialité de gens qui ont souffert ensemble, et qui ont passé par la fraternité des camps... (1) »

« La seconde étape fut Azay-le-Rideau, la troisième Tours, la quatrième Amboise.

« Le 75ᵉ arriva le 20 mars, vers midi. Il faisait beau temps. Cependant peu de monde attendait, et comme un vaincu, presque sans témoins, le régiment traversa le pont de Blois pour être officiellement dispersé sur le vieux mail, aux quatre vents du département.

« Chaque capitaine lut à sa compagnie l'ordre suivant : « La Garde Mobile de Loir-et-Cher est licenciée ; les mo-« biles devront quitter Blois dans la soirée et s'acheminer « dans leurs villages par tous les moyens possibles. ».

« Puis un commandement retentit : *Rompez les rangs !* »

« En deux minutes, le 75ᵉ s'écroula (2). »

D'Amboise, le commandant Clauzel, rentré au régiment, avait demandé à Mgr Pallu du Parc, évêque de Blois, au nom de MM. les Officiers du 75ᵉ, « un service à l'église cathédrale... pour leurs camarades et soldats du régiment morts au champ d'honneur... »

Cette messe fut dite le mardi 21 mars, par l'aumônier du 1ᵉʳ bataillon, « M. l'abbé Grelat, qui s'est montré vraiment héroïque dans tout le cours de la campagne (3) ».

Trois fois, chaque semaine, pendant la campagne, Mgr l'Évêque de Blois disait la messe pour ceux que le 75ᵉ avait le malheur de perdre.

*
* *

(1) Bulot, *Le 75ᵉ Mobile*, p. 211.
(2) *Le 75ᵉ Mobile*, p. 213.
(3) Mgr Pallu du Parc, *Journal de l'Occupation Prussienne* (inédit).

« Le souvenir de l'armée de la Loire (dont nos mobiles ont été l'un des plus valeureux régiments), malgré l'insuccès définitif de ses efforts, reste comme la personnification la plus éclatante de cette résistance acharnée qui a tant surpris nos ennemis et assuré au peuple français, sinon les sympathies, du moins le respect de l'Europe. A vingt-cinq ans de distance, on oublie volontiers que cette armée aurait peut-être pu, sans quelques défaillances, obtenir des résultats plus décisifs, et on ne se souvient que de ses longues misères, des privations supportées avec tant de courage, et des combats glorieusement livrés. On lui sait gré d'avoir ramassé l'épée de la France, quand l'Allemand victorieux la croyait déjà brisée à tout jamais, et le seul fait de l'avoir portée avec honneur est un titre impérissable à la reconnaissance nationale. Voilà pourquoi le pays, qui depuis longtemps a pardonné à Chanzy et à ses soldats de ne point l'avoir sauvé, identifie, au contraire et justement, leur mémoire avec ceux de ses plus dévoués serviteurs (1). »

Nous ne pouvons mieux terminer qu'avec le *Journal d'un Officier du 1ᵉʳ Bataillon* : « Les mobiles étaient ren-

(1) Commandant Rousset, *Histoire de la Guerre Franco-Allemande*, t. IV, p. 406.

voyés dans leurs foyers désarmés ; ils n'eurent pas même l'honorable satisfaction de montrer à Blois les armes dont ils s'étaient si bien servis.

« Quoi qu'il en soit, on s'est battu, on s'est fait tuer, on a fait son devoir. Beaucoup l'ont fait simplement et obscurément, plusieurs avec gloire. Honneur aux nobles sentiments, à l'amour de la Patrie, aux croyances religieuses qui ont élevé les caractères et produit de tels courages ! Honneur à ceux dont les souffrances, le dévoûment et le sang ont crié vers Dieu, pour le salut de la France ! »

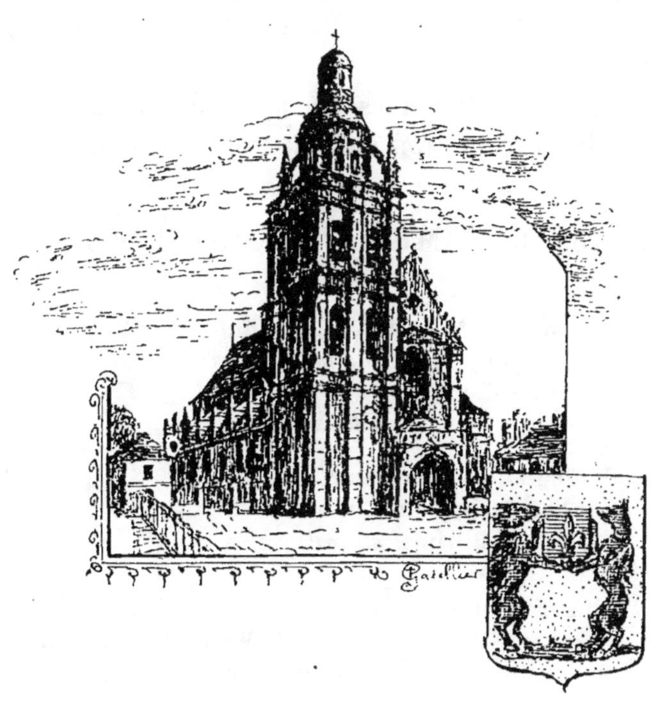

STATISTIQUE

—

Ils se relèveront !

N état dressé le 16 août 1870, inscrit 1,970 hommes au 1er bataillon et 2,060 au second, ce qui fait en tout 4,030 mobiles.

Pour différentes causes, dès le 7 septembre, l'effectif des deux bataillons est réduit à 2,687 hommes, soit 1,369 pour le 1er bataillon et 1,318 pour le second (1).

Voici la liste des officiers de la Mobile de Loir-et-Cher à l'époque de sa formation en bataillons, puis en régiment.

75e RÉGIMENT DE MOBILES

—

Comte de Montlaur, *lieutenant-colonel.*
Chevillon, *capitaine-major.*

1er Bataillon

Clauzel, *commandant.*
Abbé Grelat, *aumônier.*
Docteur Billault, *major.*

Compagnies

1re	BLOIS-EST et BRA-CIEUX :	Cap.	Malzy Alcide.
		Lieut.	Marut de l'Ombre.
		S.-Lieut.	Anthoine.

(1) L'auteur et les membres du Comité des Mobiles, qui ont recueilli ces renseignements, remercient de sa complaisance M. Gersans, archiviste-adjoint, qui les a découverts. Ils lui expriment aussi leur reconnaissance pour avoir mis à leur disposition sa très précieuse collection personnelle sur les faits de guerre relatifs au département de Loir-et-Cher.

Compagnies

2e	BLOIS-OUEST :	*Cap.*	De Beaucorps Robert.
		Lieut.	François Auguste.
		S.-Lieut.	Pille Lionel.

3e	CONTRES :	*Cap.*	De la Saussaye Olivier.
		Lieut.	De Fougères René.
		S.-Lieut.	Miron de l'Espinay.

4e	MONTRICHARD :	*Cap.*	Letellier Antoine.
		Lieut.	Perraudin Georges.
		S.-Lieut.	Deville-Chabrol Paul

5e	SAINT-AIGNAN :	*Cap.*	Meiffren Félix.
		Lieut.	De Flers Raoul.
		S.-Lieut.	Communal Raoul.

6e	LAMOTTE-BEUVRON et SALBRIS :	*Cap.*	Comte de Drée.
		Lieut.	Pichelin Charles.
		S.-Lieut.	Grasset Emile.

7e	MENNETOU et SELLES-SUR-CHER :	*Cap.*	Estève Louis.
		Lieut.	Chauvin Edmond.
		S.-Lieut.	Marteau Emile.

8e	NEUNG-SUR-BEUVRON et ROMORANTIN :	*Cap.*	D'Espinay St-Luc Timoléon.
		Lieut.	De Gallard de Zaleu Paul.
		S.-Lieut.	Barluet de Beauchesne.

2e Bataillon

Comte de Montlaur, *commandant*, remplacé par
Sampayo Oscar, auquel succéda
De Terras Amédée.
Abbé Blanchard, *aumônier*.
Docteur Ansaloni, *aide-major*.

Compagnies

1re	HERBAULT :	*Cap.*	Camus Emile.
		Lieut.	Du Breton Charles.
		S.-Lieut.	Harty de Pierrebourg Aim.

2e	MARCHENOIR :	*Cap.*	De Fourcault Léon.
		Lieut.	Lebert Georges.
		S.-Lieut.	Chautard Gaston.

Compagnies

3e	MER :	*Cap.*	Froger des Chesnes. — Lacroix.
		Lieut.	Delagrange Alexandre.
		S.-Lieut.	Quentin Albert.
4e	OUZOUER-LE-MARCHÉ :	*Cap.*	Morin Gustave.
		Lieut.	De Beaucorps Geoffroy.
		S.-Lieut.	Breton Paul.
5e	DROUÉ ET MORÉE :	*Cap.*	Deroussen Louis.
		Lieut.	Lacroix Jean.
		S.-Lieut.	De Brisoult Gaston.
6e	MONDOUBLEAU ET SAVIGNY :	*Cap.*	De Terras Amédée.
		Lieut.	De Meckenheim Odon.
		S.-Lieut.	De Meckenheim Henri.
7e	MONTOIRE ET SAINT-AMAND :	*Cap.*	Schneider.
		Lieut.	De Saint-Venant Raoul.
		S.-Lieut.	De Saint-Venant Julien.
8e	SELOMMES ET VENDÔME :	*Cap.*	De Maricourt Léon.
		Lieut.	Gendron Charles.
		S.-Lieut.	Besnard Paul.

3e **Bataillon**

MAINE-ET-LOIRE (arrondissement de SEGRÉ)

Bayard de la Vingtrie, *commandant.*
Abbé Combes, *aumônier.*
Docteur Cesprées, *aide-major.*

CAPITAINES	LIEUTENANTS	SOUS-LIEUTENANTS
De Thiville Charles.	D'Etchegoyen.	Soudée Gabriel.
Jallot Yves.	Richou Ch.-Marie.	Lemanceau Jules-R.
De Chemellier Paul.	Guibourg Omer.	Richou Arthur.
De Tessecourt Em.	Joubert-Bonnaire A.	Thuau Victor.
Laumaillé Ernest.	Allain-Targé René.	De la Paumellière.
De Tredern Christian.	De Mieulle Maurice.	Poulain de la Forestrie. — Alleton.
Ardisson.	Châtellier Simon.	Du Doré Yvan.
O'Madden Charles.	Boissée Jean-Joseph.	Huet Eug.-René.

Les effets devaient être marqués d'un timbre portant ces mots : *Garde Nationale Mobile*, avec le nom du département.

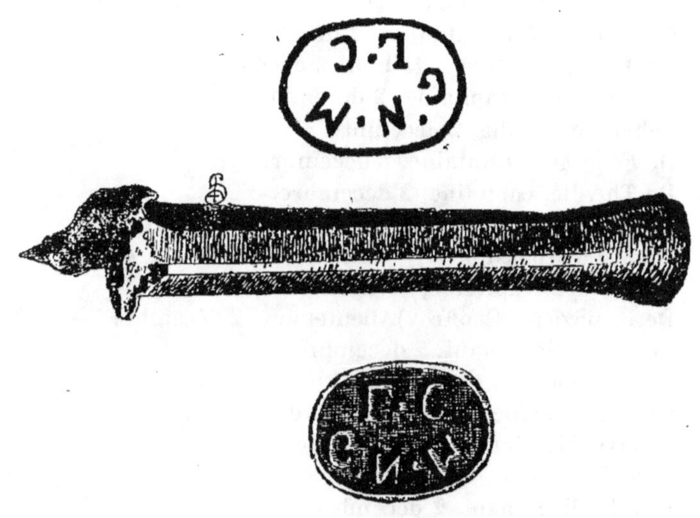

POINÇON POUR L'ÉQUIPEMENT

*
* *

Chanzy, dans la *Deuxième Armée de la Loire*, donne la liste des officiers du 75e, tués, blessés ou prisonniers. On y remarquera plusieurs noms appartenant au bataillon de Maine-et-Loire.

« 75e MOBILES (Loir-et-Cher)

De Montlaur, lieutenant-colonel.

———

Officiers tués.

Morin, capitaine, 1er décembre 1870.
Schneider, capitaine, 2 décembre.
D'Espinay Saint-Luc, capitaine, 4 décembre.
De Meckenheim (Odon), capitaine, 10 janvier 1871.
Dubois, sous-lieutenant, 15 décembre 1870.

Quentin, sous-lieutenant, 2 décembre.
Delagrange, sous-lieutenant, 2 décembre.

Officiers blessés.

De Montlaur, lieutenant-colonel, 2 décembre 1870.
Clauzel, chef de bataillon, 2 décembre.
De Terras, chef de bataillon, 2 décembre.
De Maricourt, capitaine, 2 décembre.
Lebert, capitaine, 2 décembre.
De Fourcault, capitaine, 2 décembre.
De Thiville, capitaine, 2 décembre.
Jallot, capitaine, 2 décembre.
De Beaucorps (Robert), capitaine, 11 janvier.
De Gallard, capitaine, 11 décembre.
De Beaucorps (Geoffroy), lieutenant, 2 décembre.
De Flers, lieutenant, 2 décembre.
De Meckenheim, lieutenant, 2 décembre.
De la Paumellière, lieutenant, 10 décembre.
Chauvin, lieutenant, 2 décembre.
Pille, lieutenant, 4 décembre.
Deville, lieutenant, 2 décembre.
Richon, lieutenant, 2 décembre.
De Saint-Venant (R.), lieutenant, 2 décembre.
De Saint-Venant (J.), sous-lieutenant, 2 décembre.
De Brisoult, sous-lieutenant, 2 décembre.
Buineau, sous-lieutenant, 10 janvier 1871.
Marut de l'Ombre, lieutenant, 2 décembre 1870.
Breton (Paul), lieutenant, 9 janvier 1871.
Allain-Targé, lieutenant, 2 décembre.
De Trédern Christian, lieutenant, 2 décembre.

Officiers prisonniers.

Deroussen, capitaine, 2 décembre.
Anthoine, sous-lieutenant, 2 décembre.
Bataillé, sous-lieutenant, 2 décembre.
Besnard, sous-lieutenant, 2 décembre.

Résumé.

« Le 75e de Mobiles avait, au commencement de la campagne, un effectif de 3,140 hommes présents dans les rangs (plus 370 dans les dépôts).

Ses pertes ont été de : 7 officiers tués ;
30 officiers blessés ;
352 sous-officiers et soldats tués ;
873 sous-officiers et soldats blessés (1) ».

Ces chiffres s'appliquent aux trois bataillons du 75e régiment de Mobiles.

Nous y ajoutons quelques noms des mobiles tués ou
morts de leurs blessures ; morts de maladie ou disparus ;
et ceux de quelques blessés, tels que le Comité les a péniblement recueillis.

MOBILES DE LOIR-ET-CHER

—

Tués ou morts de blessures

Adet Louis.	Boulay Henri.	Debien Pierre.
Alleaume.	Bourdilleau-Audon.	Delangue Emile.
Amiot.	Bourreau Ozile.	Delanoue Clément.
Anjoubeau Léon.	Breton G.-Charles.	Deniau Alexis.
Auduruat.	Brézillon Alex.-Eug.	Deschênes Henri.
	Brianne Jean.	Desprès Aug.-Vinc.
Baron Louis.	Brillault Jacques.	Doré Louis.
Bataille Adolphe.	Rrizard Frédéric.	Doron Denis.
Barbereau Auguste.	Brossier Louis.	Dubray Désiré.
Baron Ludovic.	Bruneau Eugène.	Duchâteau Adolphe.
Bellande L.-Franç.	Butard Alfred.	Duchesne François.
Bellardent Adrien.		
Bellande Léon.	Cartier Désiré.	Emonet Augustin.
Bisson Suturnice.	Chavigny Ernest.	
Bizé.	Chéreau Jacques.	Fabry.
Bizollié Léon.	Couasnet Louis.	Fessard Frédéric.
Bizotteau Bélisaire.	Couloir Louis.	Fichepain César.
Bouin Gustave.	Courcelles Albert.	Fouquet Victor.
Bonneau Léon.	Cousin A.-Eugène.	Fourmy Célestin.
Boucher Louis.		Forhant Théophile.
Bouvet François.	Dahuron Constant.	
Borde Alexandre.	Daridan Jacques.	Gache Alexandre.

(1) La *Deuxième Armée de la Loire*, p. 540-541.

Gallois Eugène.
Gagnebien Léon.
Gaschet François.
Gasselin Louis.
Geoffre de Chabrignac J.-Mar. (de)
Gérard Henri.
Girard L.-Eugène.
Gombeau Louis·
Grain Alfred.
Grugiers.
Guénier François.
Guénier Timothée.
Guibert André.
Guignon Eusèbe.
Guillaux Léon.
Guillonneau Adrien.
Guillot Adrien.
Guillou Pierre.

Héron Armand.
Hiault Modeste.
Hubert Alexandre.
Hubert François.
Huet Victor.

Jahau Narcisse.
Joly Auguste.
Jouanneau Louis.
Jouet Louis.

Leblond Pierre.
Lecomte Léon.
Ledoux André.
Legros Fulgence.
Lemaire Alphonse.
Leroux Alexandre.
Létang Charles.
Lidoreau Adrien.
Linel Désiré.
Louvrier Honoré.
Lucas Henri.
Lucas Louis.

Martineau.
Mathieu Henri.
Mallangeau F.
Manessier Eugène.
Martin Désiré.
Mesny Eugène.
Michelet Eugène.
Michelet François.
Moreau Eugène.

Pavy Ernest.
Palgé Isidore-Zéph.
Perrochaut Louis
Petit Hermel.
Poidras Théophile.
Prenant Charles.

Quillemeau Antoine.

Rambourg Louis.
Renard.
Renou.
Renard Wilfrid
Renault Émile
Richard Auguste.
Rouillard Henri.
Rouillon Joseph.
Rousselet Désiré.
Rousselet Émile.
Rousseau Archange.

Samson Étienne.
Savatier Alfred.
Sennequin Charles.
Séjourné Aimable.
Surcin Louis.

Tavenot Pierre.
Thiélin François.
Tourneux Eugène.
Trahard Adrien.
Trouet Frédéric.

Vervant Onésime.

Morts ou disparus

Badaire Zacharie.
Barbier Victor.
Barre Pierre.
Bellair Michel.
Billard Justin.
Blin.
Boulay Henri.
Bourreau François.
Bourdilleau Joseph.
Boutet Alphonse.
Briais Jacques.

Briant Alexandre.
Brisard Désiré.
Bruneau Louis.

Coutable Louis.
Coutil Alf.-Hip.
Chevaye Alfred.
Chenesy Félix.
Chéramy François.
Crespin Théodule.

Dahuron Joseph.
Dalmont Henri.
Daubert Alphonse.
Delépine Louis.
Deniau Alexis.
Drouin Auguste.
Duru Léon.
Dutur Joseph.

Esnault Julien,

Fortin François.
Froissant Charles.
Fusellier Joseph.
Fromet Frédéric.

Ganne Clovis.
Gréjon Ernest.

Hilaire Emile.
Housseau Alphonse.
Huet Athanase.
Huger Dominique.

Jacquelin Pierre.

Lainé.
Langellier Stanislas.
Landais.
Larival.
Lecomte Théophile.
Leroy Alexandre.
Leroy Alexis.
Levoy Jules.

Loyau Désiré.
Luquet Charles.

Maignen.
Mauger Alexandre.
Mauger Victorien.
Minier Jules.
Moreau Auguste.
Mouvallet Théodore.
Mérillin.

Neau Honoré.
Nouvellon.

Odeau Joseph.
Oger Louis.

Pichon Louis.
Pillet Pierre.
Pilon Désiré.
Pothiers Louis.
Poulleau Louis.
Ponvert Isidore.

Quillard François.

Renard Louis.
Renard Gustave.
Roger Louis.
Roger Paul..
Riguet.

Sennequin Eugène.
Simon Edmond.

Touche.
Trahart Charles.
Trécul Louis.

Valteau Jacques.
Verdier Louis.
Vérité Jules.
Véron Pierre.
Vivet Alexandre.
Vollant Jacques.

Blessés

Albin Rémy.
Allard Alcide.
Adam.
Allion Hippolyte.
Armand Désiré.

Bardou Silvain.
De Bellaing Ernest.
Béguin Louis.
Besnard Henri.
Beulé Pierre.
Bessé Louis-Const.
Blanchard.
Blanchet.
Blanchon Henri-A.
Bourbon Charles.
Boucher Anatole.

Boucher Jacques.
Bouvet Eugène.
Bourreau Joseph.
Bouton François.
Brissard Jean-Jacq.
Brissé Gustave.
Brossard.
Brossier Silvain.
Bleslu Désiré.
Bleslu Léon.

Chaillou Alexandre.
Champain.
Chandezeau.
Chauvelon.
Chevallier.
Chevé.

Cissé Honoré Ernest.
Commont Emile.
Coudray.
Couaillau Ambroise.
Coutable.
Coulmeau Auguste.
Crosnier Louis.

Daridan Louis.
Denis Cléophas.
Deschamps Jean-P.
Dubois.
Desroches Jules.
Duguet Eugène.
Dyé Pierre.

Fénélon Julien.

Ferrand Etienne.

Fillion Léon.

Fleury Sosthène.

Fossé Alcide.

Fourreau Pierre.

Fortin Constant.

Gandon Eugène.

Gaucher Victor.

Girault Paul.

Gobet Xavier.

Gauthier Adrien.

Gohier Albert.

Gourgeon Louis.

Gouffeau Jacques.

Guérin Albert.

Guillot Marie-Cyp.

Guillot Alexandre.

Guillon Hyppolyte.

Grugier Gustave.

Grovard.

Hubert Pierre.

Hubert Jean.

Juveau François.

Jahan Jean.

Jaslan.

Lafaille Théophile.

Lambron.

Lebatard Léopold.

Legrand Ferdinaud.

Lecesne.

Leger.

Lecomte Hippolyte.

Loché.

Lebaube.

Lucas Arsène.

Legras Ernest.

Mariette Arsène.

Massot Lucien.

Marette Emile.

Maubert Auguste.

Menars Edouard.

Mérillon André.

Minier Désiré.

Moreau Alfred.

Noury.

Oury Arsène-Victor.

Oury Louis.

Pasquier Lubin-Jos.

Pasquier Léon.

Péchard Isidore.

Pellois Jacques.

Petay.

Picard.

Pille.

Plon.

Pou Henri.

Poy Gustave.

Poicheveux.

Proust Ferdinand.

Ratel Désiré.

Renard Louis.

Ribouleau Charles.

Ribouleau Hilaire.

Rivière.

Rossignol.

Rousseau Pierre.

Royau Denis.

Richard Jules.

Sédillot.

Sommier François.

Thauvin Anatole.

Thouvay Charles.

Ulysse Thomas.

Verdier.

Vrain Albert.

Une église a été construite à Loigny en *ex-voto* et dans l'église une crypte qui renferme les restes de plus de mille soldats. Une ouverture, ménagée dans une galerie souterraine, permet de voir l'amoncellement des os de ceux qui sont morts pour la patrie.

Sur des tables de marbre sont inscrits les noms de 50 mobiles de Loir-et-Cher. C'est un chiffre bien inférieur à la réalité.

A Patay, une croix monumentale porte sur sa base les

noms, l'arme et le grade des soldats décédés dans les murs de la petite ville.

Goujon-Rousseau nous rappelle qu'un monument, élevé dans le cimetière de Josnes, porte l'inscription suivante :

HONNEUR ET PATRIE

ÉLEVÉ PAR SOUSCRIPTION A LA MÉMOIRE DE 150 SOLDATS

MORTS POUR LA PATRIE.

ILS SE RELÈVERONT.

En 1896, au 25ᵉ anniversaire des combats sous Josnes, on a ajouté un beau médaillon, avec socle, en granit rouge, sur lequel sont gravés les noms des enfants de Josnes, dont 9 mobiles, morts en 1870, sur le champ d'honneur.

A Vendôme, sur les hauteurs du Temple, au lieu même où se trouvait l'artillerie de l'armée de la Loire, le 15 décembre 1870, a été érigé, en 1872, un monument commémoratif de la défense. Sur la face principale sont gravés ces mots :

A LA GARDE NATIONALE MOBILE

DE LOIR-ET-CHER

A SES MORTS GLORIEUX

SAINT-LAURENT-DES-BOIS	VILLORCEAU
COULMIERS	JOSNES (1)
FAVEROLLES	PARIGNÉ-L'ÉVÊQUE
LOIGNY-PATAY	LE MANS
MESSAS-FOINARD	SAINT-JEAN-SUR-ERVE.

(1) Josnes comprend aussi le Mée et le Ravin de Tavers.

TABLE

ACHEVÉ D'IMPRIMER

le donze novembre mil huit cent quatre-vingt-seize

PAR

EMMANUEL RIVIÈRE

INGÉNIEUR DES ARTS ET MANUFACTURES

GRANDE IMPRIMERIE DE BLOIS

2, Rue Haute, 2

Paraît en Fascicules tous les deux ou trois Mois

P. G.

—

PERCHE ET PERCHERONS

—

CANTON DE MONDOUBLEAU

—

GRAVURES NOMBREUSES DANS LE TEXTE ET HORS TEXTE

PAR

l'Abbé O. BLANCHARD

CURÉ DE SOUDAY

LAURÉAT DE LA SOCIÉTÉ ARCHÉOLOGIQUE ET HISTORIQUE DE L'ORLÉANAIS

MEMBRE DE PLUSIEURS SOCIÉTÉS SAVANTES

—

Série de 20 Fascicules, 5 fr., 10 fr. ou 20 fr.
selon les éditions.

14 FASCICULES ONT PARU

GRANDE IMPRIMERIE DE BLOIS.
DIRECTEUR-GÉRANT : EMMANUEL RIVIÈRE, INGÉNIEUR DES ARTS ET MANUFACTURES.